もめてしまった
相続トラブルの
解決方法

弁護士 谷 靖介 著
弁護士法人リーガルプラス 監修

はじめに

相続トラブルは、大きな財産を持っている、いわゆるお金持ちの家族間で起きるものと思う方が多いかもしれませんが、決してそんなことはありません。

財産の大小に関係なく、相続をめぐる争いはどの家族にも起きてしまう可能性があるのです。

相続は一度こじれてしまうと、本当に大変です。もめ始めてしまい、話し合いができなくなれば、感情的なしこりが大きくなります。

また、被相続人の財産問題をきっかけに、それまでフタをしてきた家族の感情対立が強くなることがあります。相続の問題は、幼少期からの家族の関係、不公平やえこひいき、コンプレックスなどの感情面に加えて、進学費用の負担や仕送りの事情、生活費の支援、同居や介護の事情、被相続人の晩年の世話を誰がしたかなどの事情が絡むと「争続」となり、解決がどんどん難しくなります。

法律相談をお受けしていると、ご相談者からは「まさか自分たち家族にこんな相続問題が起きてしまうなんて」といったグチや悩みをよく聞きます。相続トラブルに巻き込まれた方は、進まないやり取り、解決が見えない現状にほとほと困ってしまいます。

「生前対策」としての遺言書の作り方、相続税の節税対策といった書籍は多数ありますが、「もめてしまった相続」をはたしてどうすれば解決できるのかを示す一般の方向けの書籍はまだまだ少ないと思います。

相続トラブルに巻き込まれてしまった方にとって、本書が解決の一助になれば幸いです。

弁護士法人リーガルプラス　弁護士　谷 靖介

目次

第1章
相続トラブルの原因

1-1 相続

相続手続きの進め方としては、遺言があるときはそれに従い、遺言がないときは相続人間での協議が基本となります。遺言がないときは、民法で定められた「法定相続分」を基本として遺産分割の話を進めます。

相続をややこしく、また難しくしている原因としては、次のようなものが挙げられます。

1 トラブルの背景にある人間関係の対立

遺産分割の案件は、遺された財産を各相続人の法定相続分をベースに、単純に分配する問題として算数的に進めることができないわけではありませんが、長年の相続人同士の根深い対立や葛藤《かっとう》が、財産分けを舞台として、より強く現れます。

遺産をめぐるトラブルは、それが表面化するまでにさまざまな人間関係の積み重ねがあります。相続人同士の人間関係が、解決の難しさや方向性に大きく影響します。

後妻
子供
前妻
子供
先妻の子どもと後妻や
その子どもとの対立

子ども同士の対立
妻
兄弟

感情面の対立は、同じ親から生まれた子ども同士、先妻の子どもと後妻やその子どもとの対立が典型ですが、子のいない被相続人であればその配偶者（夫もしくは妻）と兄弟姉妹、子の一人が被相続人よりも先に亡くなった場合の代襲相続人と被相続人の子ども（以下、子と表現）との間など、さまざまな対立場面が生じます。

・全く交流のなかった親族
・両親の離婚によって離れ離れに暮らしていた兄弟

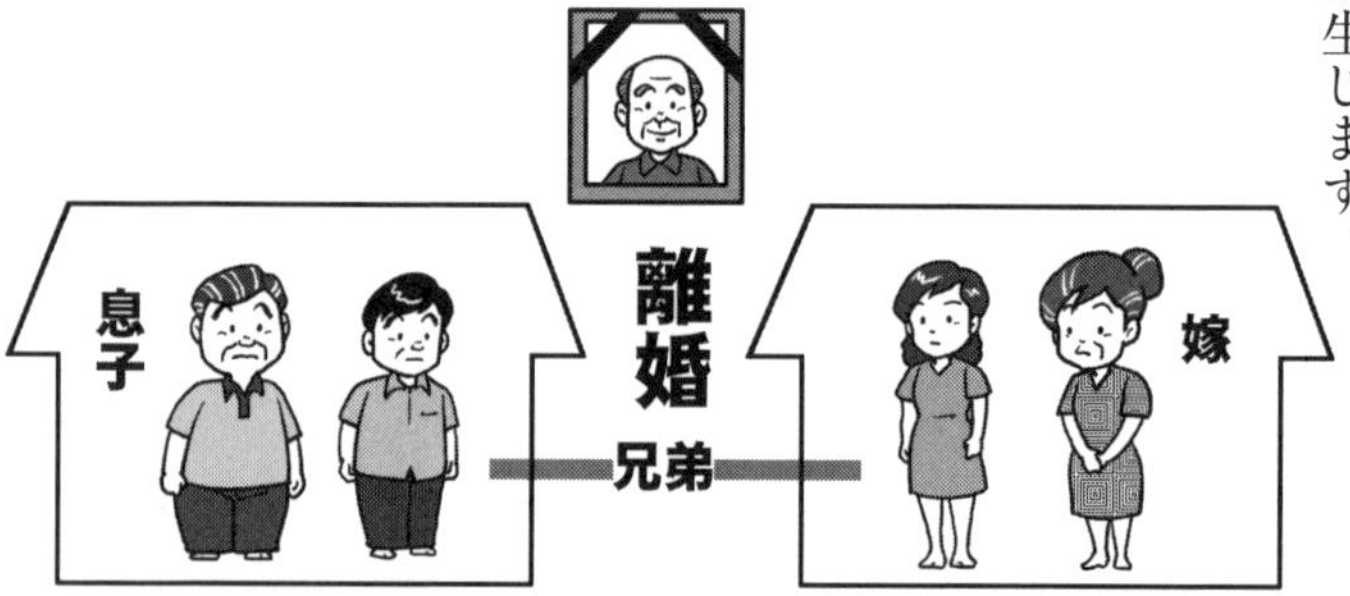

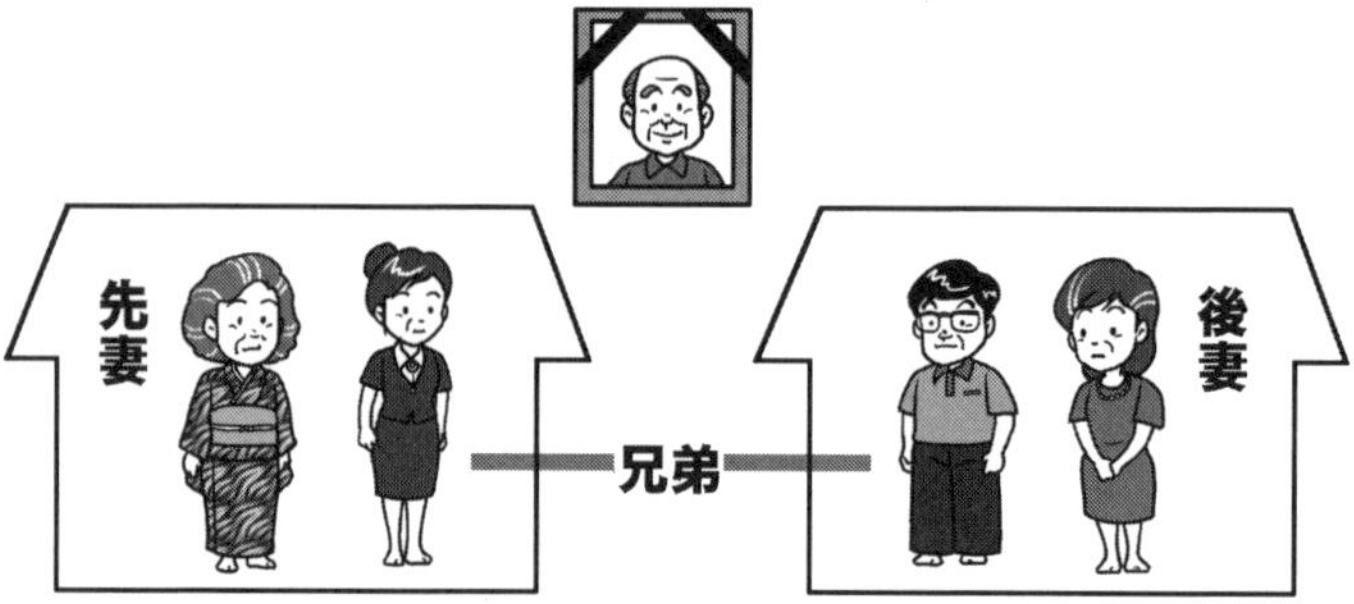

・先妻の子と後妻の子
・晩年の親の介護や病院での治療をめぐるトラブルで関係性の悪化した相続人
・代襲相続人とその子（祖父が亡くなった場合の甥姪とおじおばの相続など）の相続人
・行方不明の相続人

・認知症で判断能力のない相続人
・理由もなく遺産を独占しようとするなど、性格や人格に問題のある相続人

これらのように相続人に問題があると、そもそもスムーズに話し合いができず、遺産分けが止まりがちです。交流のない相続人同士や疎遠になっている相続人同士では、そもそも信頼関係がなく、相続や遺産分割に対する捉え方が異なり、難航することがあります。また、相続人同士の調整を行える親族がいない場合も、落ち着いた話し合いができず、利害がぶつかりがちです。

特に、被相続人（夫）が再婚していた場合、前の配偶者との子（先妻の子）と、現在の配偶者およびその子（後妻の子）との遺産分割は対立が激しくなりがちです。

2 遺産分割の進め方に問題がある場合や、お墓についての問題が生じている場合

被相続人の財産をすべて把握する相続人が、ほかの相続人にその相続財産の内容を全く知

らせず、一方的に不動産などの遺産の名義を変更するような遺産分割協議書を用意して、サインや捺印を求めることがあります。被相続人が亡くなってまもない時期に、このような強引なやり方がきっかけとなり、相続人同士の人間関係に決定的な亀裂が入ってしまうこともあります。

また、お墓についても難しい問題があります。先祖代々のお墓について、被相続人の生前からその管理承継者が決まっており、親族の中に誰も反対する者がいない場合は、問題にはなりません。しかし、そもそもお墓がない場合は、お墓を作るか作らないか、といった問題が起きます。そして、そのお墓を作る費用を誰が負担するか、管理者を誰にするかなどの問題が対立のきっかけとなって、被相続人の財産

分けが停滞することがあります。

財産的な価値は別として、被相続人が生前に大切にしていたもの（形見）を誰が受け取るかなどをきっかけに、対立が激しくなることもあります。

3 相続問題は法律トラブルの中でも特に事実関係の評価が難しい

遺産分割トラブルは、単純なお金の貸し借りの裁判などと違い、トラブルのパターン、対立点の単純化が難しく、相続人が用意する資料はさまざまです。

相続人の生活背景やこだわりの強い部分・弱い部分、判断能力、性格や気質によって、トラブルが大きくなることや小さくなることがあります。

相続では、そもそも遺産分割を進めたくなくて遺産を独占したい、不動産を欲しいがほかの相続人にはできるだけ金銭も渡したくない、1次相続（例えば先に父が亡くなった場合）に納得のいく相続を受けられなかった相続人が2次相続（例えば父のあとに、母が亡くなった場合）

で調整を図りたい、生活水準に差があるので遺産分けで考慮してほしい、完全に平等にしたい、ほかの相続人が被相続人から受けた経済的恩恵（特別受益が典型だが、これに限らない）を反映した遺産分割にしたい、などの思惑が乱れ飛びます。

30年以上前の親子間のお金のやり取りなどの議論になった際、その当時の資料は残っていないことが多いといえます。時系列での事実確認に加えて、関係者の生活状況の把握も不可欠です。いつ、誰が、何をしたか、その事実に誰がどう関与して、それをどのように感じていたか、という家族・親族の歴史的な検証や考察が必要となるのです。

1-2 高齢社会の相続

1 高齢社会と複雑になる相続関係

日本社会の高齢化によって、被相続人が高齢で亡くなり、相続人自身も高齢化している現象（老々相続）が発生しています。例えば、被相続人が90歳代であれば、配偶者も90歳代、子が70歳代といった状況です。この場合、相続人が裁判所の調停手続きに出席できない、認知症などで判断能力に問題があって成年後見人を立てる必要がある、などの事態が生じます。

また、長生きをした被相続人の死亡や相続人の高齢化は、代襲相続、再転相続などを招き、さらに事態を複雑にすることもあります。

そして、遺産分割には法律上、協議や調停の期限が定められていないため、相続を開始して何年も経ってから、被相続人の不動産の取得や処分を希望する人物がほかの相続人を調査したところ、兄弟姉妹、甥姪などの多数人が相続人となっており、再転相続が繰り返されて相続人の数が数十人にも上ってしまうこともあります。行方不明の相続人がいる場合は不在者財産管理人を付けたり、生きているのか死んでいるのかすらわからない場合は失踪宣告の審判が必要になったりもします。

当法人が過去に関与した相続では、相続人のうちの一人が行方不明のため不在者財産管理人を付ける必要があった事案や、戸籍を調査したところ第二次世界大戦の東京大空襲で相続人の一人が亡くなったと思われるが戸籍上は死亡扱いになっていなかった事案、親の相続が長年まとまらず、遺産分割調停中に80歳代の相続人が次々に亡くなった事案などがあります。

2 遺産の構成に問題がある場合

●遺産の大半が不動産で、ある相続人が不動産の取得を希望している

預貯金や現金、証券市場で売買できる株式などの資産は、計算をして1円単位で分けることができます。しかし、不動産を分けることは簡単ではありません。

その不動産に現に住んでいる相続人や事業で使用している相続人がいれば、その相続人がその不動産の取得を希望することが多いです。

このような場合、金融資産が少ないと簡単にはほかの相続人が納得せず、不動産を取得した

い相続人がほかの相続人に「代償金」（相続分の買い取り金）をいくら用意できるかがテーマとなります。

そして、その代償金の金額は、不動産の評価額と連動します。特に、都市部などでは、不動産の評価が高くなりがちなため代償金の調整ができず、話し合いが進まなくなることがあります。

●相続が起きる前に被相続人の預貯金から多額の預金が引き出されている

被相続人のキャッシュカードや通帳、印鑑を管理していた相続人が、その銀行口座から多額の引出しをしてしまい、遺産としての預貯金が非常に少なくなっていることがあります。

引出しをした相続人が、手元にその分を保管していて遺産に戻すことを認めればよいのですが、そもそも引出しの事実を否定していたり、「被相続人からもらった」と贈与の特別受益を主張したり、事業費・生活費・浪費などで使ってしまったような場合は、特に厄介です。このような場合は協議や調停で決着が付かず、時には不当利得返還請求の訴訟となることがあります。

●特別受益が問題になる

一部の相続人が被相続人から贈与などの利益を受けていた場合に、相続人同士の公平を図るための制度が「特別受益」です。

特別受益とは、被相続人から相続人が財産の遺贈（亡くなったときに遺言で金銭や財産を贈与すること）を受けたり、生前に多額の金銭の贈与を受けていたりすることをいいます。

特別受益がある場合は、被相続人の財産に贈与額を加えて相続分を計算し、特別受益を受けた人の相続分から特別受益分を差し引く、という計算になります。

大学進学費用や海外留学費用、生活費の支援、孫への贈与などは、遺産分割審判では大半が特別受益として認められないものなのですが、ほかの相続人から「そのような特別な恩恵を受けた相続人は特別受益として相続分を減らしてほしい」などという主張のなされることが多くあります。この場合、恩恵を受けた相続人は「法律的には特別受益にあたらない」と反論し、もめてしまうことが多いです。

●寄与分が問題になる

ある相続人が長年にわたって被相続人と同居して介護をしたり、家業を手伝ったりしていた場合、その貢献を考慮するのが寄与分の制度です。

どの程度の貢献をすれば寄与分が認められるのか、それをどのように金銭的に評価するか、といった問題は、ある程度は裁判例などで基準が示されているのですが、貢献をした相続人が寄与分に強くこだわるともめてしまうことが多いです。

●多額の生命保険金を受け取った相続人がいる

被相続人が保険契約者・被保険者として保険料を支払い、特定の相続人が受取人になっている生命保険がある場合、この生命保険金は遺産に含まれません。そして、受取人に指定された相続人は、相続発生後にほかの相続人の承諾がなくても、保険金を受け取ることができます。そして、この生命保険金は遺産分割の対象になりません。

裁判所の考えでは、保険金の受領の事情が特に不公平な場合、前述した特別受益として扱いますので、受け取ったのかどうかも、よく争いとなります。

3 遺言に納得できない相続人がいる

一部の相続人に遺産の全部を相続させるといった遺言がある場合、ほかの相続人は不満を抱きがちです。遺言で法定相続分よりも遺産の取得分が少なくなった相続人は、遺言の内容に納得できないことが多くあります。遺言作成者が亡くなったあと、納得できないほかの相続人が、遺言作成の背景や事情に怒ったり遺言の内容を争ったりすることがあります。

また、遺言作成時に作成者が高齢で認知症だったような場合、遺言の有効性が問題になることがあります。特に、高齢の親と同居したり世話をしたりしていた相続人が、公正証書遺言の作成を手配していたり、自筆証書遺言の案を用意して高齢の親に作成させていたりした場合はもめがちです。また、仮に遺言が法律的に有効であった場合でも、遺留分が問題となります。

第2章

遺産分割

遺産分割の進め方　全体マップ

ここでは、相続トラブル発生から解決までの全体マップをご紹介します。

遺産分割が進まない方は、自分が現在どの位置にいるのかをご確認ください。

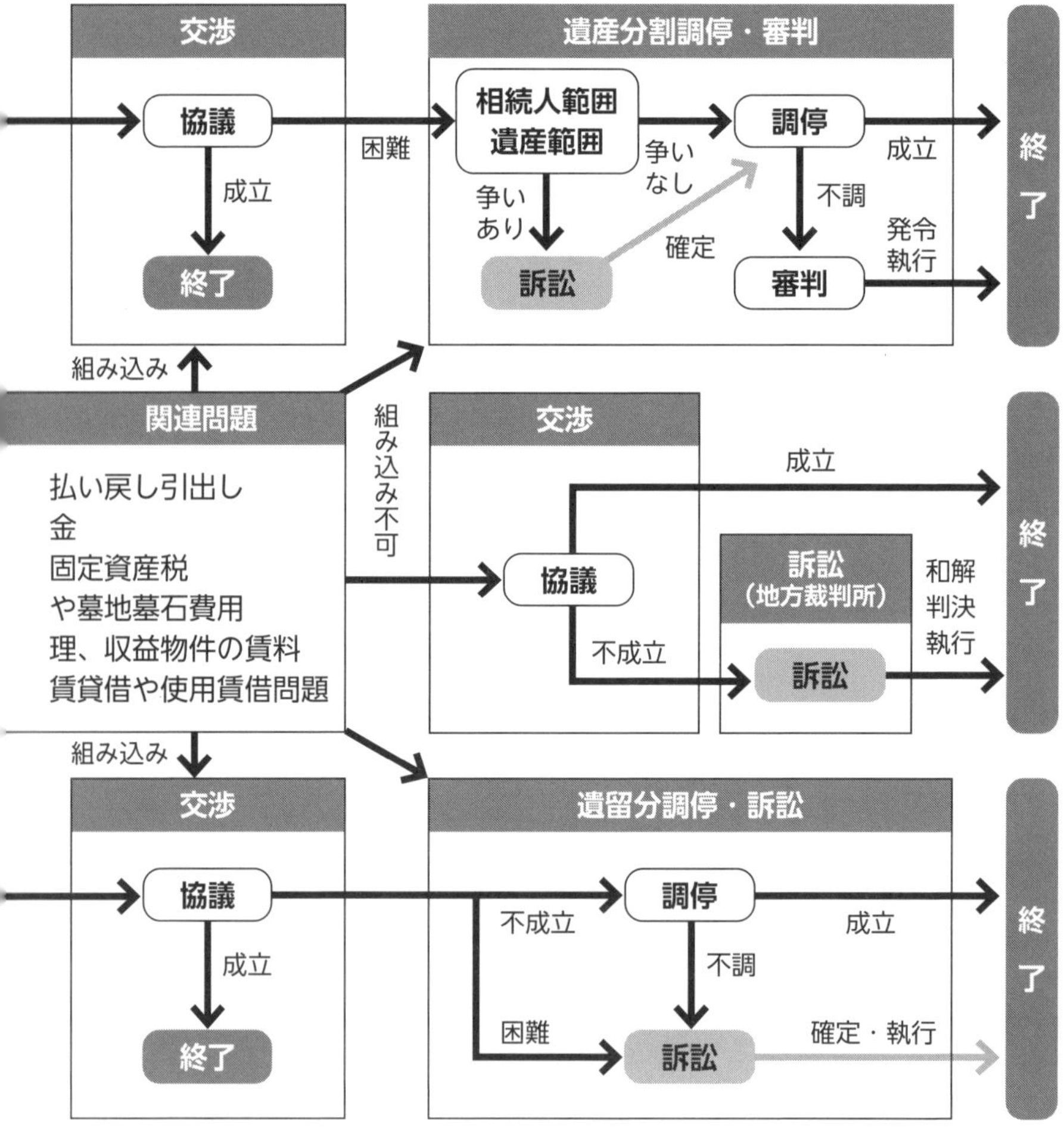

https://legalplus.jp/service/souzoku/　引用

相続トラブルが発生したとき、問題の解決がいつになるのか、今後どのような手続きが必要なのかなど、解決までの全体像がわからず途方に暮れてしまう方が多いと思います。

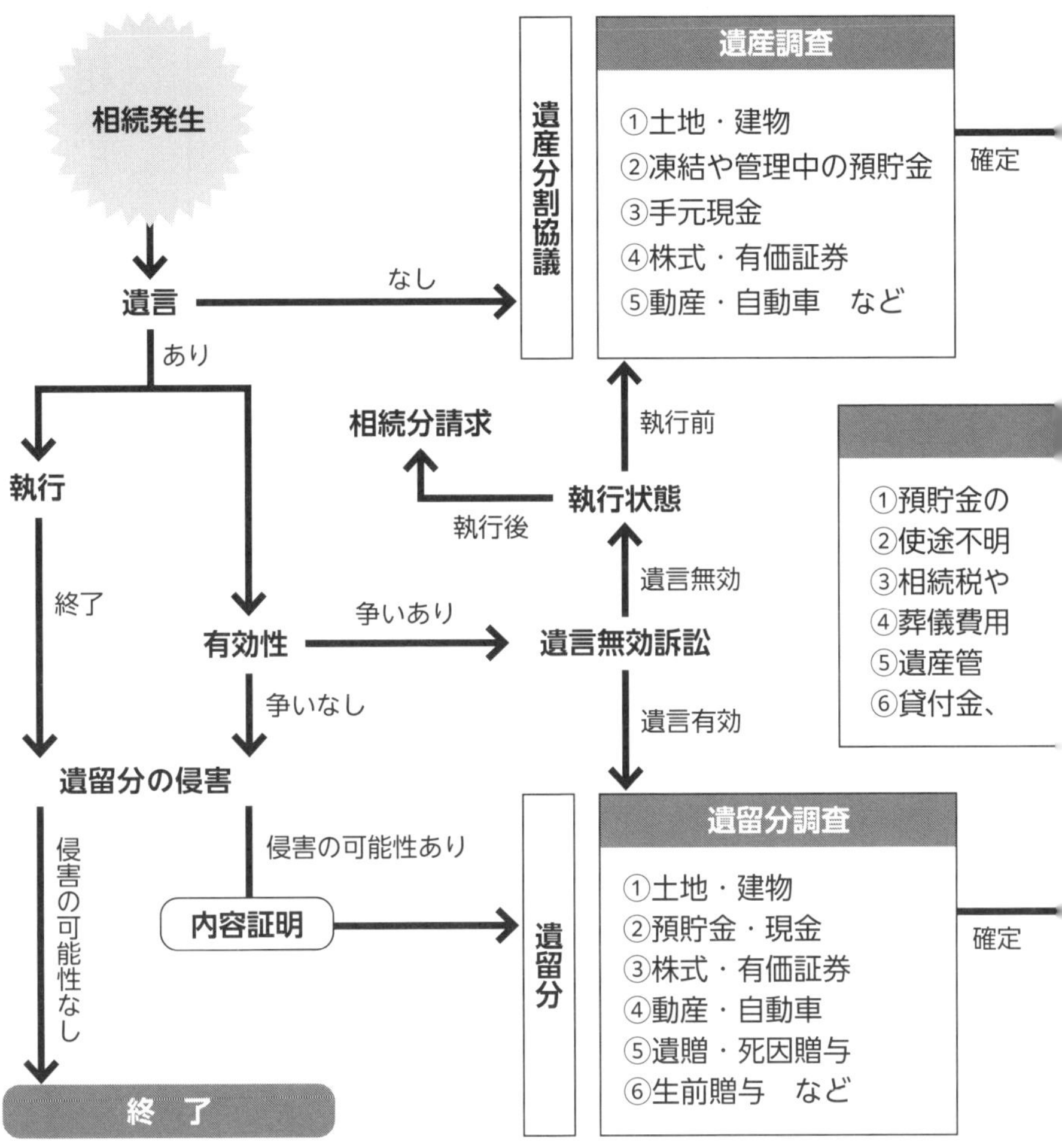

2-1 法定相続人

民法では、相続人が誰になるのかが定められています。

配偶者

死亡した人（被相続人）の夫または妻です。配偶者は「常に」相続人になります。離婚した先妻、先夫や内縁の妻や内縁の夫は相続人になれません。

配偶者以外の親族は、次のように相続人となる順序が定められています。

第1順位　子（直系卑属）

子は常に相続人となります。

子が被相続人よりも先に死亡している場合には、子のさらに

子である孫（直系卑属）が相続人になります（代襲相続）。非嫡出子（婚姻関係にない夫婦から生まれた子）と嫡出子（婚姻関係にある夫婦から生まれた子）の相続分は同じです。

また、養子も相続人になります。税法上の扱いとは異なり、民法では養子の人数だけ相続人の人数が増えることになります。なお、養子と実子の法定相続分は同じです。

第2順位　親（直系尊属）

被相続人に子がいない場合は、親が相続人になります。その親が被相続人よりも先に死亡している場合は、親のさらに親である祖父母（直系卑属）が相続人になります。

第3順位　兄弟姉妹（甥姪）

被相続人が死亡時に子（孫）や親（祖父母）がともにいない場合は、被相続人の兄弟姉妹が相続人になります。兄弟姉妹が先に死亡している場合には、その兄弟姉妹の子（甥や姪）が相続人となります。

第3順位の相続人は、第1順位の相続人も第2順位の相続人もいな

◉相続順位と法定相続分

順位	法定相続人と法定相続分	
第1順位	子（直系卑属）1／2	配偶者　1／2
第2順位	親（直系尊属）1／3	配偶者　2／3
第3順位	兄弟姉妹　1／4	配偶者　3／4

同一順位に複数人がいる場合は、その人数で割ります。

いときに相続人になります。

相続人の地位の喪失

相続欠格

相続欠格とは、法定相続人であった人物が特定の事情によって相続人となる資格を失うことです。被相続人への殺人行為や遺言書を偽造・変造・破棄・隠匿など、民法で定めるいくつかの欠格事由に該当する場合に、相続人となる資格を失います。

相続欠格事由のある人物が相続人に含まれており、その人物が相続欠格となることを素直に認めない場合、地方裁判所において遺産分割の前提問題として相続人の地位に関する訴訟を行うことが必要になることがあります。

なお、相続欠格者がいる場合でも代襲相続は発生します。例えば、被相続人の次男が被相続人の遺言書を偽造して相続欠格者となっても、次男の子は代襲相続人となります。

相続廃除

相続人の廃除とは、法定相続人から被相続人に対する虐待などがあった場合、被相続人の意思に基づいて、その人物の相続権を失わせる制度です。廃除された人は相続権を失い、遺産を一切相続できなくなり、遺留分も受け取れません。
廃除の要件としては、推定相続人から被相続人に対する虐待や重大な侮辱、著しい非行があります。好き嫌いの感情や、老後の世話がないこと、不仲であること、親子喧嘩《げんか》をしたこと、働かずに実家で生活をしていることなどでは足りず、客観的に見て、一切の相続権（遺留分を含む）を失ってもやむをえないような重大な事情が必要です。

廃除の方法には、被相続人（予定者）が生前に家庭裁判所で廃除の手続きを行う方法や、遺言で廃除する方法（被相続人の死後に遺言執行者が裁判所へ申し立てることが必要）があります。廃除には対象者の相続権（遺留分を含む）を一切失わせるという強い法的な効果があるため、家庭裁判所では廃除手続きについて、関係資料を基に慎重な判断をしています。

なお、廃除が認められた場合でも代襲相続は適用されるため、廃除された相続人に子があれば、その子が代襲相続することになります。

2 法定相続情報証明制度

全国の登記所（法務局）において、各種相続手続きに利用することのできる「法定相続情報証明」を取得できます。

相続手続きでは亡くなった方（被相続人）の戸籍謄本や除籍謄本などの書類を、銀行のような相続手続きを取り扱う各種金融機関の窓口に何度も出し直す必要があります。法定相続情報証明制度は、登記所（法務局）に戸籍謄本や除籍謄本の一式と相続関係の一覧図（法定相続情報一覧図）を提出すれば、登記官がその一覧図を認証するものです。法定相続情報一覧図の写しを利用すれば、銀行のような相続手続きを取り扱う各種金融機関窓口に戸籍資料を何度も出し直す必要がなくなるので、大変便利です。

法定相続情報証明制度を利用すれば、相続人の情報が確定し、その後の相続手続きが楽になるのでとてもお勧めです。

2-2 遺産の調査

1 遺産の調査の重要性

遺産分割協議を進めるにあたって、まずは遺産の調査が必要です。財産の種類が多い場合、遺産の調査は数か月以上かかることがあります。ここでは、遺産調査のポイントをお伝えします。

○不動産の調査

被相続人が所有者であることの明らかな自宅やアパートなどの不動産は、法務局の登記を確認します。所在がわからない不動産については、①市役所や都道府県税事務所からの固定資産税通知書、②市区町村役所の名寄帳、③法務局の公図、④共同担保目録などを基に調査を進めます。未登記の不動産も遺産に含まれます。

○預貯金の調査

被相続人がどの金融機関に口座を持っているかは、被相続人の預貯金の通帳、キャッシュカード、郵便物やインターネットバンキングの利用状況から調査していきます。具体的には、金融機関に被相続人の口座の有無を照会し、口座があれば、残高証明書や取引明細を取り寄せます。

個人名義の預貯金について、統一的な情報管理機関は存在しません。そのため、被相続人がどの金融機関に口座を持っていたかわからない場合、その調査は非常に大変です。被相続人の手帳やメモの記載内容や、年金の振込口座や介護保険料の引落し口座などから探すこともあります。

大半の金融機関では、取り寄せ時から10年分の取引明細を取得できます。取引明細を確認して、口座の動きを分析することで、保険の加入状況、金銭の貸付や贈与、不自然な引出し（使途不明金）を発見できることもあります。

金融機関によって事務手続きに違いはありますが、残高証明書や取引明細の取得のためには、①被相続人の口座情報がわかる資料（通帳・キャッシュカードのコピーなど）、②口座名義人が亡くなったことと自分が相続人であることを確認できる書類（除籍謄本、戸籍謄本など）、③相続人の本人確認資料（免許証やマイナンバーカードなどの身分証明書）、④相続人の実印および印鑑登録証明書などが必要となります。

○生命保険・損害保険

保険会社からの郵送資料、銀行口座の引落し情報やクレジットカードの明細などをふまえて調査します。判明した保険情報は保険会社に問い合わせます。

○証券口座・株式や国債の調査

被相続人の遺品内に株式、投資信託、国債に関する証券会社からの連絡書（残高通知、取引案内など）がないかを探します。被相続人が使っていたパソコンやスマートフォンのブックマーク（お気に入り）や閲覧履歴の確認、ログイン情報などから推察できることもあります。それでも判明しない場合は、株式会社証券保管振替機構（ほふり）に対して被相続人の登録済加入者情報の開示請求ができます。

証券会社に問い合わせて、取引残高報告書を発行してもらいます。また、家に古い株券があるような場合は、株式を発行した会社に連絡して、株主としての登録や所持株式数を確認します。

○自動車

車両の現物や車検証の所有名義を確認します。

○貴金属・美術品など

自宅・倉庫・貸金庫などを確認します。貴金属や美術品の価格や価値については、専門業者による査定が必要です。

なお、被相続人が税務署に提出した確定申告書を確認することで、遺産を発見できることがあります。手元に申告書の控えがない場合、税務署における申告書などの閲覧サービスの利用を進めます。

○負債の調査

金融機関のローンやキャッシングについては、預貯金口座から引き落とされますので、被相続人名義の通帳や取引明細から調べることができます。クレジット会社からの借入れや未払いについてはクレジットの明細を確認します。

また、消費者金融やクレジット会社からの借入れ、住宅ローンなどについては、信用情報機関へ確認することによって債務を把握できます。全国銀行個人信用情報センター（ＫＳＣ）、株式会社シー・アイ・シー（ＣＩＣ）、株式会社日本信用情報機構（ＪＩＣＣ）の三つが代表的な信用情報機関です。

もっとも、被相続人が個人事業主や会社経営者であるときは、事業に関連した借入れや保証債務を負っていることも多く、注意が必要です。

スマートフォンのメール内容や郵便物を調べたり、関係者への聞き取りを行ったりすることをはじめ、被相続人の手元に借用書や連帯保証の契約書などがないか、借金返済を催促されていないか、銀行口座の取引に不明な多額の振込みや返済がないかなどを調べることが必要です。

2 遺産目録（財産目録）の作成

遺産目録とは、被相続人の財産の内容をわかりやすく一覧にしたものです。

被相続人の財産を洗い出し、細かく記載することで、相続財産の全体像を把握できます。

遺言書の有無に関係なく、遺産目録の作成は、遺産総額の把握のためと、相続税の基礎控除（３０００万円＋６００万円×法定相続人の数）を上回るかどうかを推測する目安にするために必要です。

遺産目録があれば遺産分割協議を進めやすくなり、かつ相続の事務作業の負担を軽くすることができるのです。財産を加えたり、評価額を修正したりしやすいよう、Ｅｘｃｅｌ（エクセル）などの表計算ソフトで作ることをお勧めします。

3 相続放棄の検討

遺産調査の結果から判断して、相続人は①単純承認（財産や負債を受け継ぐもの）、②相続放棄（財産や負債を一切受け継がない

◉遺産目録の書式サンプル

番号	財産の種類	所在地・内容など	数量面積・持分	評価額	備考
1	不動産（宅地）	東京都江東区〇丁目〇〇番	100㎡	2,000 万円	
2	不動産（建物）	東京都江東区〇丁目〇〇番	1 階 60㎡ 2 階 40㎡	1,000 万円	〇〇居住
3	預金	A 銀行〇支店 普通預金 123456	1	1,000 万円	
4	預金	B 銀行〇支店 普通預金 9876543	1	4,000 万円	
5	車		1	1,000 万円	〇〇 取得希望
			合計	9,000 万円	

もの）、③限定承認（相続人が相続によって得た財産を限度として被相続人の債務の負担を受け継ぐもの）のいずれかを選択しなければなりません。

遺産を調査して負債が大きかった場合は、相続放棄を検討することになります。相続放棄の期限は、相続が開始したことを知ったときから3か月以内が基本です。

もっとも、被相続人の不動産や預貯金の調査や、負債の調査には時間や手間がかかります。被相続人の借金など負債の状況がよくわからない場合や、プラスの財産とマイナスの財産を比べて相続するかどうかを決めたい場合、相続を放棄すべきかどうか判断できないときがあります。

　このような場合、相続放棄手続きの期間を延長（伸長）する申立てを家庭裁判所に行うことで、相続するかどうかを考える期間を延ばすことができます。熟慮期間内に相続放棄の申立てを裁判所に行わなかった場合、基本的には単純承認となってしまいますので注意が必要です。

なお、遺産分割協議や単純承認後、亡くなった方に非常に大きな負債があるとわかった場合には、例外的に相続放棄が認められることもあります。

被相続人に債務（マイナスの財産）が多い場合は、その債務も相続財産に含まれます。

ただし、債務の額が遺産額を大きく上回っている場合に、相続人は必ず相続しなければならないものではありません。相続人には①単純承認、②限定承認、③相続放棄のいずれをも自由に選択することのできる権利が与えられています。

(1) 単純承認

単純承認とは、財産と負債のどちらかに限定せず、被相続人の権利義務を承継するという意思表示のことです。

左記の事態（法定単純承認事由）となった場合、相続人は原則として単純承認をしたものと「見なされて」しまいます。

①相続人が相続財産の全部または一部を処分したとき。

②相続人が熟慮期間（基本3か月、裁判所の許可で延長は可能）内に限定承認または放棄をしなかったとき。

③相続人が限定承認または放棄をしたあとでも、相続財産の全部もしくは一部を隠匿《いんとく》し、消費し、悪意によって（故意に）財産目録中に記載しなかったとき。

(2) 限定承認

限定承認とは、相続によって得た財産を限度として被相続人の負債および遺贈の義務を負担するという意思表示です。

限定承認は被相続人の債務を、取得した相続財産を限度として支払うことを条件として相続する方法です。

限定承認をすれば、被相続人の債務が多い場合、取得した相続財産を限度として債務を返済すれば問題ありません。プラスの財産とマイナスの債務のどちらが多いか不明な場合や、被相続人の債務状態などが不明な場合に活用できる制度です。

相続人が限定承認をしようとするときは、熟慮期間（基本3か月、裁判所の許可で延長は可能）内に家庭裁判所に限定承認をする旨を申請しなければなりません。

また、一定期間内に債権者や受遺者に対する公告や官報掲載、清算手続きの報告義務などがあります。なお、相続財産をめぐる法律関係の複雑化を避けるため、相続人が複数名いるときは、相続人全員が共同しなければなりません。

限定承認は、税法上は被相続人が相続人に時価で遺産の不動産などを譲渡したものと見なされるため、含み益がある財産への課税などの税務申告が必要になり、税負担が生じることがあることに注意が必要です。

(3) 相続放棄

相続放棄は、初めから相続人にならなかったこととする意思表示です。

相続人は基本的に、自己が相続人となったことを知ったときから3か月以内に、単純もしくは限定の承認または放棄をしなければなりません。時々、遺産分割の話し合いで「自分は相続放棄をする」と発言するだけで、家庭裁判所の相続放棄手続きを行わない相続人がいますが、これでは正式な相続放棄にはならないので注意が必要です。相続の放棄は、被相続人が死亡して相続が開始されたあとに家庭裁判所に申請し、家庭裁判所で受理されて初めて効力が生じることになります。

被相続人の生前に、あらかじめ相続放棄をすることはできません。時々、「自分は親の遺産はいりません」などの相続分を放棄するような念書を書く方がいますが、法律的な効力はありません。

負債の調査などに時間がかかるため、相続放棄の熟慮期間を延長する場合には、家庭裁判所に期間伸長の手続きが必要です。相続放棄の申請が受理された場合、放棄者に対して相続放棄申請の受理証明書が裁判所から交付されます。

相続放棄の効果は、初めから相続人でなかったものと見なされるため、相続放棄者に子がいても代襲相続されることはありません。

また、相続放棄手続きは詐欺や強迫などの事情がない限り、原則として撤回や取り消しをすることはできません。

2-3 特別受益、寄与分、特別寄与料

1 特別受益

特別受益とは一部の相続人が被相続人から受け取った特別な利益をいいます。

一部の相続人だけが被相続人から多額の財産の贈与を受けていた場合、そのことを考慮せずに遺産を分配すると、ほかの相続人との間で不公平になってしまいます。そこで、一部の相続人が受けた贈与を特別受益として相続財産に含めて遺産を分配します。

○特別受益の例

①多額の金銭贈与

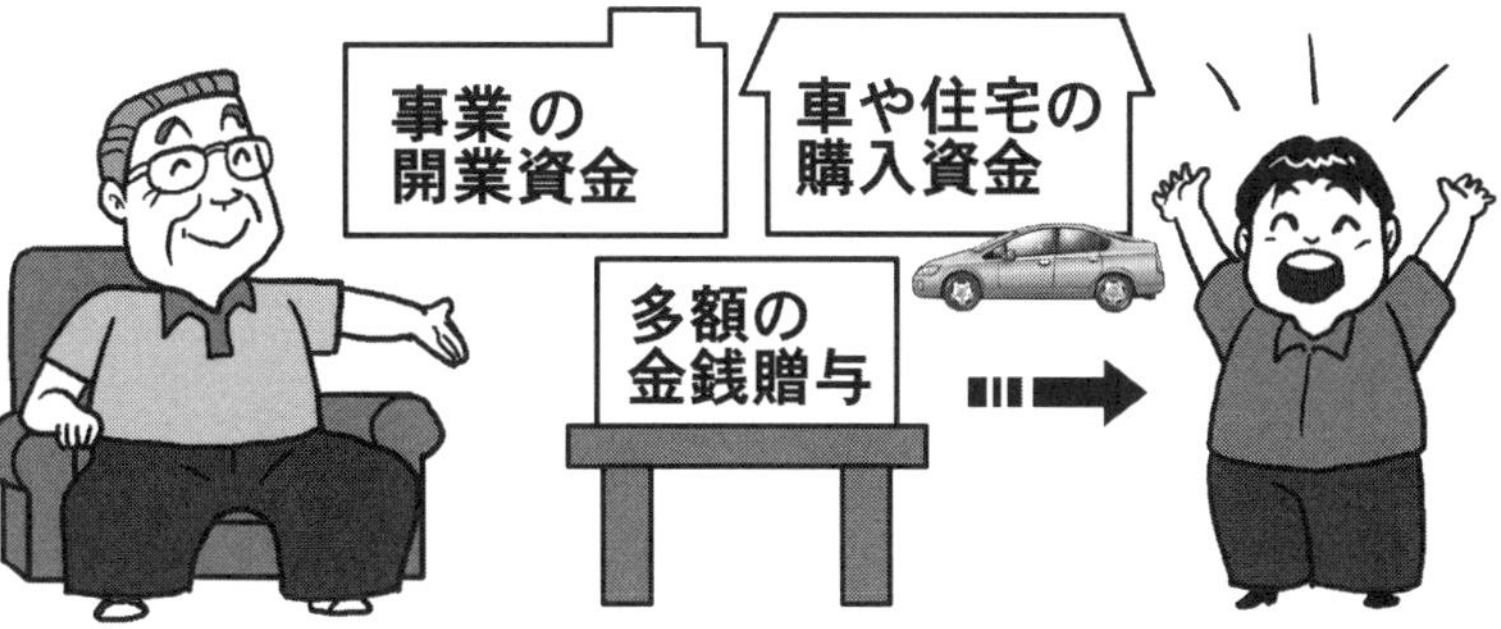

事業の開業資金、車や住宅の購入資金などの金銭贈与を指します。

②遺贈

遺言書によって高額な財産が譲られる場合、特別受益になります。

③生命保険金

被相続人が保険料を支払い、受取人を特定の相続人とあらかじめ指定している生命保険金は遺産にはならず、また、基本的には受け取った相続人の特別受益にもなりません。もっとも、遺産総額に対する生命保険金の比率が高い場合（一つの目安として50％以上）は、受取人の相続人と被相続人の関係や、各相続人の生活実態などの事情を考慮し、特別受益に準じて扱われることもあります。

○基本的に特別受益にはならないもの

扶養の範囲内の金銭援助や相続人以外への金銭贈与は、特別受益にあたりません。以下の事情は、基本的に裁判所の調停や審判では特別受益として扱われません。

①数万円の生活費の援助、学生時代の仕送り
②進学費用、学費、留学費用
③結納金・結婚式費用
④建物の無償使用や建物での同居
⑤相続人の子（孫）への贈与

特別受益の問題は、相続人同士の公平感や平等間、被相続人からの生活支援などが絡み、対立が深くなりがちです。協議や調停の場面で特別受益について折り合いがつかない場合は、遺産分割審判において、家事審判官（裁判官）が特別受益の金額を算定します。

2 寄与分

寄与分とは、被相続人の財産維持に貢献した相続人について、財産への貢献度を考慮して、その貢献した相続人の取得できる相続分を増加させるものです。

寄与分の問題は、被相続人との同居の有無や介護の事情、家業への関与、生活貢献への感情などから、対立が深くなりがちです。

○寄与分の条件

①相続人自らの寄与である
②特別の寄与（身の回りの世話などのような通常の行為を超えた貢献など）である
③寄与行為の対価を受けていない
④被相続人の財産の維持や増加と関連している
⑤相続開始時までの寄与である

○寄与分の代表例

①療養看護

被相続人の介護（要介護度は2以上が目安）を長期間にわたって専従していた場合に認められます。被相続人との同居、掃除や食事作りなどの家事、話し相手、買い物の同行、身の回りの軽い

世話、老人ホームや亡くなる前の入院の手配、お見舞いの実施などは、親族の扶養の範囲の対応に含まれるとして、法律的には寄与分として認められません。

②金銭贈与や金銭負担

相続人が被相続人に多額の金銭を贈与したり、老人ホームの入居費用を負担したり、借金の連帯保証人となって保証分を支払っていたような場合です。少額の仕送りや生活費の支援は、親族としての扶養義務の範囲を超える特別の事情がない限り、寄与分として認められません。

③家業への従事

無償または著しく少ない給料で被相続人の家業を手伝い、被相続人の財産形成に貢献した場合です。相応の給料や報酬を受け取っていた場合は認められません。

○寄与分について協議ができない場合

寄与分が認められる場合でも、それを金銭評価するためには、寄与の期間や裁量割合などをふまえた計算や相続分への反映が必要です。

協議や調停の場面で寄与分の調整ができないときは、遺産分割の審判移行時に寄与分を求める申立てを裁判所に行い、審判官（裁判官）が寄与分を判断することになります。

3 特別寄与料

特別寄与料とは、子の妻など、被相続人の相続人ではない人物が遺産を受け取ることができる制度です。被相続人の生前に、身体介護などの貢献をしていた人物に対して金銭的に報いるために作られた制度です。「寄与分」が認められるのは相続人だけで、相続人ではない人には認められていなかったため、２０２０年7月に施行された相続法改正によって導入された制度です。

(1) 手続きの方法

特別寄与料の請求者と相続人で協議ができないときは、家庭裁判所の調停または審判の手続きを利用することができます。

(2) 申立人の資格

６親等内の血族とその配偶者、３親等内の姻族で相続人にあたらない人物

例　兄弟姉妹、甥・姪、子の配偶者、配偶者の兄弟姉妹

被相続人と婚姻関係にない人（内縁関係や事実婚の配偶者など）や、親族ではない介護に関与した人物は、特別寄与料を請求することができません。また、該当する親族であっても、相続放棄した場合や相続欠格・相続廃除によって相続権を失った場合は特別寄与料を請求できません。

(3)　特別の寄与

被相続人に対して無償で療養看護その他の労務を提供したことにより、被相続人の財産の維持または増加について特別の寄与をしたこととなります。特別寄与料の請求の条件は「労務の提供」に限定されており、相続人の「寄与分」と異なり、被相続人への金銭提供は含まれません。

(4)　裁判所への申立て期間の制限

申立ては、特別寄与者が相続が開始されたことおよび相続人を知ったときから6か月以内、または、相続開始時から1年以内です。申立て期間に制限のない遺産分割調停と異なり、申立て期間が短く制限されていることに注意が必要です。

(5)　特別寄与料の金額算定

「家庭裁判所は、寄与の時期、方法及び程度、相続財産の額その他一切の事情を考慮して、特別寄与料の額を定める」（民法１０５０条3項）とされています。

審判時の特別寄与料の金額算定は家事審判官の裁量によりますが、相続人の寄与分などに用いられる算定式（第三者が療養看護を行った場合の日当額×療養看護の日数×裁量割合（0.5〜0.8））などを参考に決められます。

2-4 遺産分割協議

1 遺産分割協議の当事者、法定相続人の確定

遺産分割協議に参加できる相続人は、法定相続人となります。また、遺言書において法定相続人以外の人物に一定の相続分が指定された場合や遺言認知がある場合は、その人物も遺産分割協議に加わることになります。

被相続人の出生から死亡に至るまでのすべての戸籍を取り寄せ、法定相続人が誰かを確定する必要があります。

2 協議が難しい相続人がいる場合

○未成年の相続人

相続人に未成年者がいる場合に遺産分割手続きを進めるためには、未成年者の相続人の法定代理人が必要です。

未成年者の法定代理人は通常は親などの親権者ですが、その親権者も相続人である場合、遺産の分配をめぐって利害が対立するため、特別代理人の選任が必要となります。

例として、夫が亡くなったときの相続人が妻と子で、子が未成年者のような場合です。

特別代理人は家庭裁判所の手続きによって選任されます。

○判断能力のない相続人

認知症などによって判断能力がないか、または不十分な相続人は遺産分割協議ができません。ほかの相続人が勝手に遺産分割協議書に記名押印をすると、法律的には無効な遺産分割協議となります。また、時には、私文書偽造として犯罪行為にもなりますので注意が必要です。

判断能力のない相続人については、①家庭裁判所において選任される成年後見人（判断能力の程度によっては補助人、保佐人）、または②その後見人があらかじめ選任していた任意後見人によって、遺産分割手続きが進められます。

○行方不明や生死不明の相続人

親族同士の交流が乏しい場合や、被相続人の兄弟姉妹や甥姪が相続人となっている場合、相続人の中に行方のわからない相続人や生死のわからない相続人がいることがあります。

遺産分割協議は相続人全員で行う必要があるため、住所も連絡先も不明の相続人がいる場合は、遺産分割協議を進めることができず、また、預貯金の解約や不動産の名義変更などに必要な署名捺印、印鑑証明書の取得などができない事態になります。

このような場合は、不在者財産管理人や失踪宣告による対処が必要となります。

(1) 不在者財産管理人の選任

相続人の中に行方不明者がいる場合は、ほかの相続人から家庭裁判所に申し立てることで、不在者財産管理人を選任してもらうことができます。不在者財産管理人は裁判所が弁護士などの法律関係者の中から選任するのですが、選任に際して、一定の予納金（70万円程度）が必要になることが多く、注意が必要です。

不在者財産管理人の職務は、行方不明者の財産を管理することです。その財産には、不在者が相続人となって受け取った場合の相続分の財産も含まれます。裁判所の許可を得て、不在者財産管理人は遺産分割の協議に参加することができます。

(2) 失踪宣告

不在者について、生死が7年間明らかでないとき（普通失踪）、または戦争、船舶の沈没、震災などの死亡原因となる危難に遭遇し、その危難が去ったあと、その生死が1年間明らかでないとき（危難失踪）に、家庭裁判所が関係者の申立てにより失踪宣告をすることができます。

失踪宣告とは、生死不明の者に対して、法律上死亡したものと見なす効果を生じさせる制度です。普通失踪は、不在者の生死が不明になってから7年間が満了したときに死亡したものと見なすものですので、生死不明期間の開始時期が相続発生時から近い場合、やや申立てがしにくいといえます。危難失踪の場合、事故時から1年以上経過していれば法律上死亡したものとして扱い、その相続人を死亡したものと見なして、相続の対応が可能となります。

筆者は過去に太平洋戦争時の東京大空襲で死亡したと思われる相続人が、戸籍上は死亡した扱いになっておらず、戦争記念館などで空襲被害状況を調査のうえで危難失踪を申し立てたことがあります。

4 遺産分割協議の進め方

遺産目録を作成し、相続人が確定したら、各相続人の法定相続分に応じて、どの遺産を、誰が、どれくらい受け取るのかを話し合います。

この時点で、相続人が受け取った生前の贈与（特別受益）や被相続人への貢献（寄与分）を面談しながら話し合うのが望ましいですが、遠方の場合はメールや手紙のやり取りで進める方法もあります。

相続人同士でしっかりコミュニケーションが取れ、必要以上に感情的にならず、過去の出来事を持ち出しすぎず、お互い譲るべきところは譲るといった状況となれば、遺産分割協議は進んでいきます。遺産分割協議書には、すべての遺産が記載されており、全相続人が取得する遺産や金額に納得をしていることが記載されていることが、特に重要です。

協議書の内容に納得できない相続人が一人でもいる場合、遺産分割協議書へ無理に署名や捺印を迫ることは控えましょう。話し合いを繰り返しても妥協点が見つからない場合は、家庭裁判所での遺産分割調停へ移行することが基本です。

コラム

遺産分割協議は万能

弁護士としてさまざまな遺産分割協議に関与していますと、この協議というのはまさに「万能」だと思います。

相続人全員が納得すれば、話し合いで何でも決めることができるのです。

実家を誰の名義にするか、被相続人の配偶者の世話や介護（例、父親が亡くなったあとの母親の世話）、形見分け、お墓の管理、法事の実施など多くのテーマについて、遺産分割と同時に話し合いができます。遺産分割で相続人同士の対立が強くて没交渉になってしまうと、これらのテーマについても話し合いが全くできなくなってしまうことがあります。

遺産分割協議書例

遺産分割協議書

被相続人○○○○（令和３年２月○○日死亡、本籍地：東京都○○区○○○丁目○番地○）の遺産目録記載の遺産につき、共同相続人Ａ（以下「Ａ」という）及びＢ（以下「Ｂ」という）、Ｃ（以下「Ｃ」という）は、遺産分割協議の結果、被相続人の遺産を次のとおり分割した。

１　相続人の範囲

相続人全員は、被相続人の相続人がＡ、Ｂ、Ｃの３名であることを確認する。

２　遺産の範囲

相続人全員は被相続人の遺産が遺産目録記載のとおりであることを確認する。

３　遺産目録１の土地及び同目録２の建物は、Ａが取得する。

４　遺産目録３⑴及び⑵の預金は、Ｂが取得する。

５　遺産目録３⑶から⑸の預貯金は、Ａが取得する。

６　遺産目録４⑴と⑵の株式は、Ｃが取得する。

７　Ｂは、本協議書第４項の預金を取得した代償金として、遺産目録３⑴及び⑵記載の預金の解約日から１か月以内に、下記両人の指定する銀行口座に振り込む方法により支払う。但し、振込手数料はＡ及びＣの負担とする。

Ａに対して金○○○万○○○○円

Ｃに対して金○○○万○○○○円

本遺産分割協議の成立を証するため、本協議書３通を作成し、各自１通を保有する。

令和　　年　　月　　日

住　所

氏名　　　　　　　　　　㊞

住　所

氏名　　　　　　　　　　㊞

住　所

氏名　　　　　　　　　　㊞

本書の書式はリーガルサポートで使用しているものです
（以降のページすべて）

遺産目録

1　土地
所　在：○○区○○○丁目
地　番：○番○
地　目：宅地
地　積：１２５．５５㎡

2　建物
所　在：○○区○○○丁目○番地○
家屋番号：○番○
種　類：居宅
構　造：木造瓦葺２階建
床面積：１階６５．２０㎡　　２階４５．６５㎡

3　預貯金
⑴　○○銀行　○○支店　定期預金　口座番号○○○○○○○
⑵　○○銀行　○○支店　普通預金　口座番号○○○○○○○
⑶　○○銀行　○○支店　定期預金　口座番号○○○○○○○
⑷　○○銀行　○○支店　普通預金　口座番号○○○○○○○
⑸　ゆうちょ銀行　通常貯金　１０○○○－○○○○○○○

4　株式（株式会社○○○証券）
⑴　○○○１０００株
⑵　○○○５００株

以上

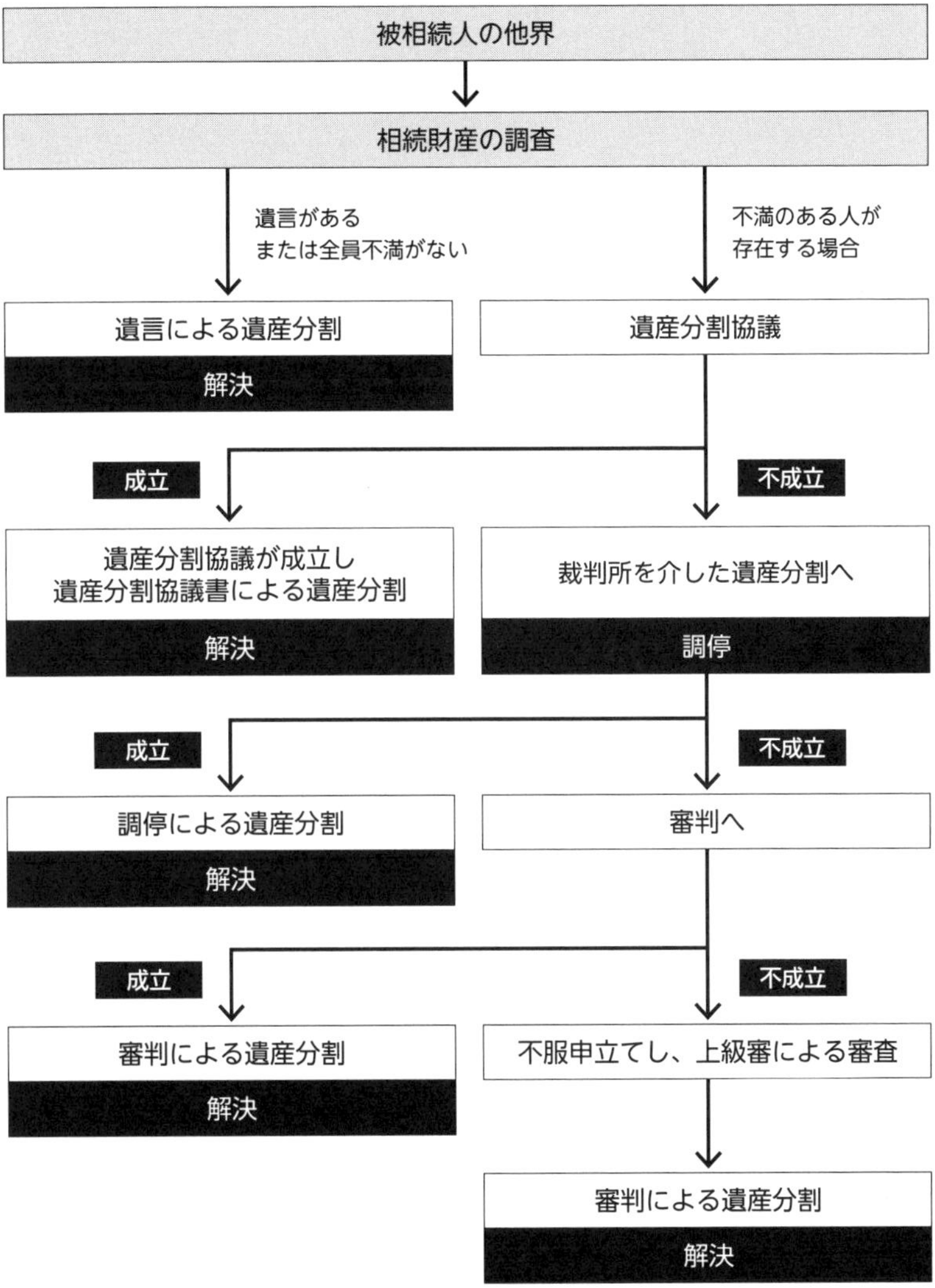
被相続人の他界
相続財産の調査
遺言がある
または全員不満がない
不満のある人が
存在する場合
遺言による遺産分割
解決
遺産分割協議
成立
不成立
遺産分割協議が成立し
遺産分割協議書による遺産分割
解決
裁判所を介した遺産分割へ
調停
成立
不成立
調停による遺産分割
解決
審判へ
成立
不成立
審判による遺産分割
解決
不服申立てし、上級審による審査
審判による遺産分割
解決

第3章

遺産分割調停

3-1 遺産分割調停

相続人同士で遺産分割協議がまとまらない場合、遺産分割のために、家庭裁判所に調停を申し立てます。

1 管轄裁判所

相続人のうちの一人の住所地の家庭裁判所、または当事者が合意で定める家庭裁判所となります。相続人の住所を管轄する家庭裁判所で実施されることが多いといえます。

2 調停手続きの参加者

調停の場には、当事者の相続人以外は裁判官と調停委員しか参加できません。

調停は家庭裁判所の調停室で実施されます。調停室は、67ページの絵①のように、当事者である相続人（申立人と相手方）と調停委員会のメンバー（裁判官と調停委員2名以上）で構成されます。

調停室内で調停委員と向き合う形となりますが、四角テーブルであったり、円形テーブルだったりします。

調停は訴訟と違い非公開です。部屋には原則として、当事者、代理人の弁護士、裁判官、調停委員、家庭裁判所の係（書記官や調査官）しか入ることはできません。相続人ではない人物は、待合室には入れますが、調停室には入れません。

調停委員

調停委員は、非常勤の国家公務員で、社会生活上の豊富な知識や経験、専門的な知識を持つ人の中から選ばれます。具体的には、原則として40歳以上70歳未満の弁護士、医師、大学教授、公認会計士、不動産鑑定士などの専門家や地域社会に密着して幅広く活動した人（公務員ＯＢなど）から選ばれています。

東京や大阪などの都市部における裁判所の遺産分割調停や遺留分の調停では、調停委員のうち1名は弁護士や元裁判官などの法律関係者が選任されています。調停委員は、男性と女性それぞれ1名ずつです。

3 調停は「話し合い」の手続き

裁判所での調停と聞くと、躊躇《ちゅうちょ》する人が多いと思います。裁判所に行き慣れているという人は多くないでしょう。もっとも、調停は訴訟と違い、法廷で法的な請求について白や黒といった決着を付ける手続きではありません。

相続人が家庭裁判所の調停室で、調停委員を通じて相手と話し合う手続きです。自分の言い分や考え・意見を言う場面に、相手が同席するわけではありません。しかも、相手とはできるだけ顔を合わせないようにして、当事者の心理的負担を減らしています。

遺産分割調停では、調停委員という第三者が間に入ることで、相続人も申立人も冷静になりやすくなります。相続人同士の希望や言い分が違っても、双方が「遺産を分割したい」という大きな方向性が一致していれば、調停委員の誘導やアドバイスに耳を傾けることができるでしょう。

相手が法外な要求や過剰な遺産取得にこだわるような場合、相続人同士で話し合うと折り合いがつきませんが、調停委員や法律的な当否・心証を示す裁判官から妥当な遺産分割案を提示されることで調整を図れることがあります。

4 調停の実施状況

平日に実施されます。土曜、日曜、祝日には実施されません。

平日の午前10時～、午後1時～、午後3時～などの時間帯を指定されます。1回の調停時間はおおむね2時間です。

実施頻度は調停のテーマや進行状況、資料の用意に必要な手間や時間によって左右されますが、おおむね1か月に1回程度です。8月の夏季休暇や年末年始、3月末から4月上旬の裁判所の人事時期などには調停期日は入りにくいといえます。1年間で実施される調停回数の目安は8～10回前後です。参加している相続人、代理人の弁護士、調停委員のスケジュールを調整しますので、スケジュールが合わない場合は、次の調停まで2か月程度空いてしまうこともあります。

東京家庭裁判所本庁（東京都千代田区霞が関）では、調停の実施回数を増やすため、次回の調停期日だけではなく、その次の回の調停期日もあらかじめスケジュールを確保する工夫がなされています。

5 調停の方式1（裁判所の調停室で実施）

遺産分割調停は、相続人（申立人と相手方）が裁判所から指定された期日（調停期日）に家庭裁判所に出頭して始まります。

まず、相続人は調停室に一緒に入り、調停手続きの進め方などについて説明を受けます（双方立会手続説明）。もっとも、人間関係が悪化している場合や顔を合わせるとトラブルになる懸念がある場合は、別々に説明を受けることもできます。

交互に調停委員に話をする

手続きの説明後は、それぞれの相続人から調停委員が話を聞きます。調停委員が申立人から調停室で話を聞いている間、相手方は待合室（相手方待合室）で待機しています。

申立人の話が済むと、相手方が調停室に呼ばれ、調停室で調停委員が相手方から話を聞きます。申立人は再度呼ばれるまで、別の待合室（申立人待合室）で待機します。それぞれの当事者が顔を会わせて話すことはありません。

調停の進め方

①調停の始まり（双方立会手続説明）

②申立人からの意見聴取

③相手方からの意見聴取

※調停委員は交互に意見を聴く（②③を繰り返す）

④調停の終了（次回期日の確認など）

※調停の成立や不調（不成立）などの手続きの結論が出るまで、期日調整は続行され、①～③を繰り返す

6 調停の方式2（代理人のみの出席や電話方式）

申立人、相手方のいずれも、代理人に弁護士を選任している場合は、弁護士のみの参加で手続きを実施できます。

調停は非公開の手続きなので、当事者が自宅から電話やオンラインで参加する方式は制限されています。遠方の裁判所で調停が開かれる場合は、自宅近隣の家庭裁判所や代理人の弁護士の法律事務所から電話方式で参加することも可能です。本書執筆段階（2023年5月）では、相続の家裁調停をオンラインで行う「Web会議システム」が試行されている状況です。

7 結論が出るまで調停は繰り返される

双方からの意見聴取が終わり、調停成立という結論（終局処分）が出た場合は、相続人双方でその内容を確認します。

結論が出ない場合は、次回の期日を調整し、次回までに行っておくそれぞれの課題や用意事項（資料の用意や妥協できる内容を考えるなど）を伝えられ、その日の調停が終わります。そして次回の調停日時を決め、結論が出るまで調停（図1の①～③・前ページ）を続けます。

調停が成立した場合には、合意内容を記載した裁判所の「調停調書」が作成されます。

8 遺産分割調停の特徴

●相続人全員の出席が難しいこと

裁判所の調停手続きについては、相続人が代理人の弁護士を選任していない場合、当事者の出席が基本です。遠方に住んでいる相続人は、近隣の家庭裁判所の電話システムでの参加も一応可能ですが、そもそも手続きに出席しにくいといえます。また、国際化に伴い、相続人が国内に居住している人のみとは限らず、外国に居住する人が相続人というケースも増えています。

相続人が第3順位（兄弟姉妹、その子の甥や姪）にまで広がる案件では相続人が被相続人やほかの相続人との交流が乏しいこと

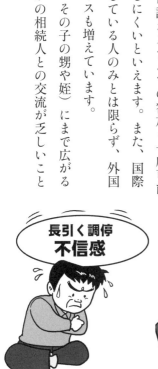

から人間関係が弱く、また、自分の相続分が数十万円のような場合は調停手続きに関心がなく、協力をしない相続人が増えてしまいます。調停がスムーズに進まず、さらに非協力者が増え、再転相続が発生するという、悪いサイクルになることもあります。

●精神的負担が大きいこと

相続人の中には気質や個性によって話し合いの「難しい」人がいる場合がありますが、そのような人ではなくても手続きが長引くにつれて、調停の関係者や弁護士に不信感を抱いてしまい、弁護士や調停委員の説得に絶対に応じないといった「難しい」人に変わってしまうことがあります。

遺産分割調停は、このような事態が起きてしまうことが多いので、相続人にとって気が重いものです。紛争・トラブルが長期化すると、さらに大きな心理的負担が生じます。ストレスから体調を崩したり不眠気味になったりするなどして、精神が不安定になります。このような相続人の心理的混乱が遺産分割調停を長引かせる原因になることもあります。

●親族特有の財産事情への配慮が必要であること

相続人の実情に応じた配慮が必要です。例えば、相続人に共通の心理として、実家の土地・建物を売却せずに誰かの名義にして残したいという点では一致しているが、他方で、特定相続人の単独名義として取得させようとすると代償金の準備ができないというケースがあります。

●調停内容が複雑になり、長引く傾向があること

遺産分割を進めるには、まずは誰が相続人であるかを決めて、そのうえで、分割すべき遺産の範囲や評価を決めることが必要です。いわゆる遺産分割の前提問題とされるものですが、その前提自体が争われる場合、手続きが長引きやすくなります。

遺産として主張される対象不動産の数や資産価値などが大きくなるに従い、不動産の賃貸契約事情の考慮が必要になったり、不動産の評価が問題になったりする可能性が高まります。

不動産ごとに評価の争いの有無を確認し、争いがある場合には鑑定などによって額を確定させていく過程を経るため、手続きが長期化する傾向があります。

当法人が関与した案件でも、遺産の範囲や遺産の評価をめぐる争いが多数あります。また、寄与分や特別受益に関する主張は、その内容が多岐にわたり、裏付けとなる客観的な証拠が不十分であり、調停手続きが乱戦化しがちです。

●紛争解決が流動的であること

遺産分割協議は解決するまでに一定の期間を要します。

当事者同士で話し合いができなくなった場合、弁護士が関与しても、協議は短くとも数か月、調停に移行すれば早いもので半年程度、通常は1年半から2年程度の期間を要します。時間の経過によって、手続きの状況が相続人の考えていた展開やビジョンと大きく離れて変化していくことが多くあります。例えば、協議中に相続人の生活状況や財産状態、遺産の評価事情や分配方法の希望などに大きな変化が生じ、手続きの途中で解決方法を再検討しなければならない事態が起きることがあります。

●付随問題

付随問題が遺産分割調停の進行そのものに影響を与えることがあります。例えば、被相続人の生前預金の引出しについて、その金額が数千万円にも上り、不当利得訴訟を先行させるような場合、不当利得訴訟が終了するまでは調停手続きを停止させるような運用がなされることもあります。当事者間のさまざまな要請や多様な問題を調停手続きで一挙に解決しようとすると、かえって調整が難航して、紛争をこじらせてしまい、長引く原因になりかねません。

実務上、紛争解決をどう着地させるかは各種法的手続きの特性や制約、事態の長期化防止などの視点からの分析、検証が不可欠です。何にこだわり、何を諦めるかという判断が不可欠ですが、その見極めは簡単ではありません。

筆者が過去に関与した案件でも、調停で付随問題を一括して解決することを試みましたが、当事者間で折り合いがつかず、結果として付随問題を除外して調停を成立させるようなことがよくありました。中心テーマである遺産分割についての手続きに集中させるため、付随問題はあえて調停のテーマから切り離し、別途訴訟手続き（貸金訴訟、損害賠償請求訴訟、不当利得返還請求訴訟など）を行うこともあります。

●合意による解決が重要

遺産分割では、多数の共同相続人同士に複雑な利害関係の対立が見られます。

客観的な裏付け資料がない場合でも、相続人の間では明らかな事実や前提事情、暗黙の了解といった事情が多数存在します。全相続人が解決の方向性を理解し、それを受け入れている場合もあります。

裁判所の手続きでは紛争を解決するため、相続人のさまざまな希望や要求を的確に把握し、これに応じた柔軟な解決策を採る必要があるのですが、これは簡単なことではありません。

遺産分割手続きは紛争性の強いものですが、できる限り相続人の自覚を促し、被相続人とつながる親族や家族の視点から協調・譲歩する重要性を理解させ、柔軟でバランスの取れた解決を目指すことが望ましいといえます。合意による解決が難しい場合でも、調停や審判手続きの過程において、部分的な合意を進めることが重要です。白黒をつける裁断型の審判による解決は、審判後に新たな訴訟などを招くことが多々あります。

意見の分かれる遺産分割手続きを、裁判所という公権力の場でいずれかの相続人に強引に帰属して解決を図ること（審判）は、基本的には最終手段となります。

●調停や審判の第三者への影響が限定的であること

遺産分割の調停や審判内容は、基本的に第三者に影響が生じません。例えば、相続開始時から分割時までに相続人の持分を取得した第三者との関係には、権利取得者に登記などの対抗要件がある場合、基本的に分割の効力（遡及効）は及びません（民法９０９条ただし書）。

●抜本的な解決が難しいこと

被相続人死亡前からの親族関係や将来の生活の不安から、調停によってさまざまな問題が表面化することがあります。例えば、被相続人の土地を無償で使用していた相続人がその土地をほかの相続人が取得したことで地代を支払うことになったり、不動産取得の代償金支払いのために多額の借入れが必要となったり、遺産分割のために住んでいた家を売却して引っ越ししたりするなどの事態が生じます。

遺産分割をきっかけとして、急に生活状態が変化し、家族間や親族間のトラブルが大きくなることがあります。

調停や審判で結論が示されたあと、「自分の相続の取り分が不当に減らされた」「裁判所で公平な分割をしてくれなかった」という感情が固着してしまう相続人もいます。相続人によっては、何年にもわたって悪感情を持ち続けることがあります。

感情的な衝突が解消されず、気持ちの引っ掛かりや納得しが

たい気持ちが残ったまま、なし崩し的に調停が終わることも少なくありません。

また、後述する付随問題（葬儀費用の清算、お墓の管理などの祭祀承継、賃料などの遺産収益の分配、立替債務の整理、遺産管理費用、使途不明金、貸付金など）がある場合、調停の着地を整えることがとても難しくなることがあります。

3-2 調停の進行順序

多くの家庭裁判所の運用では、検討テーマに優先順位をつけて、一つひとつ順番に確定していきます。

1 相続人の範囲

基本的に戸籍の情報に基づいて相続人が確定されますが、相続欠格事由、養子縁組の有効無効、死後認知などに争いがある場合、

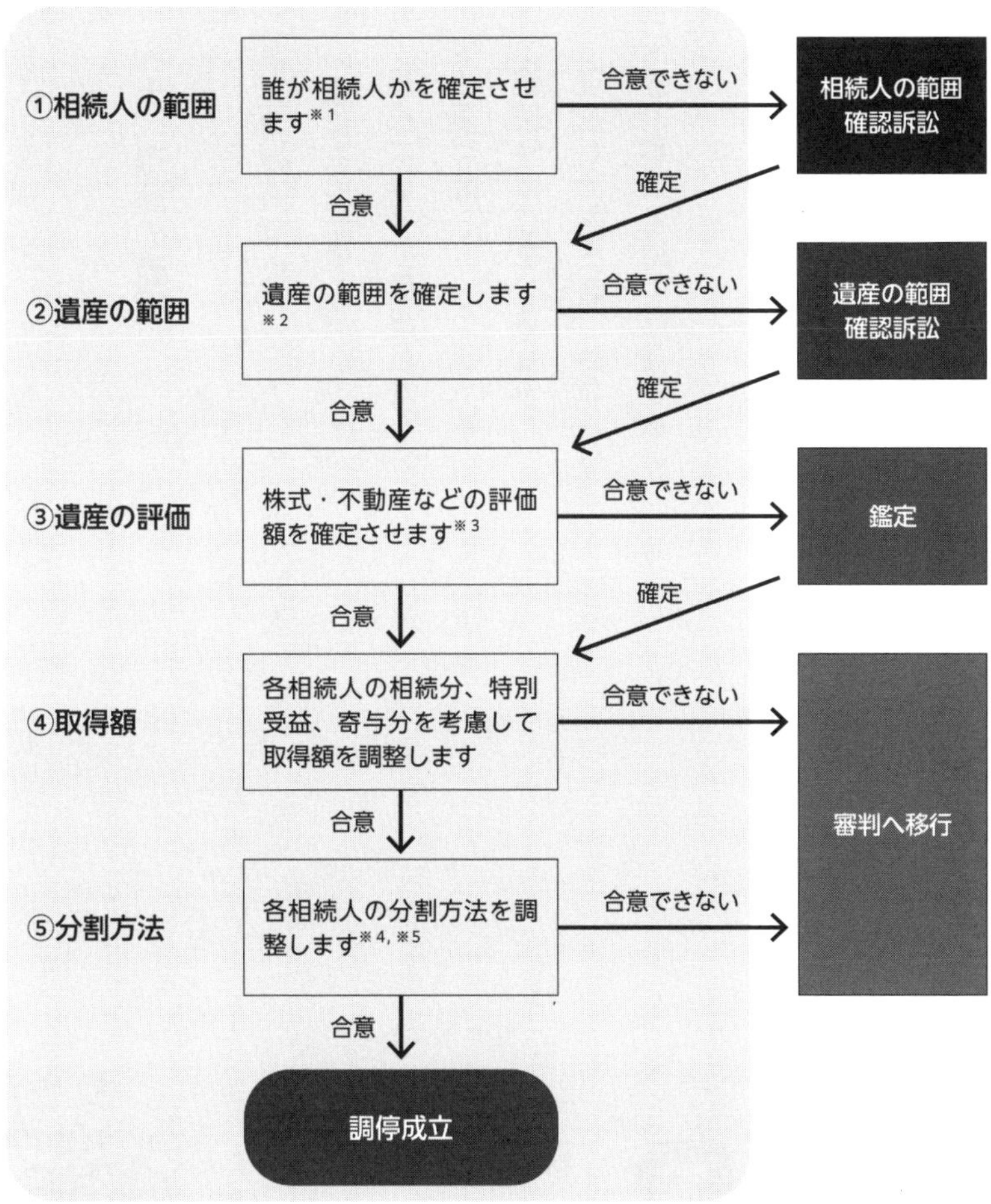

※1 戸籍が事実と異なるなど相続人の範囲に争いがある場合、人事訴訟などの手続きが必要です。認知症などによって判断能力に問題がある相続人がいる場合、成年後見などの手続きが必要です。

※2 死亡時に被相続人が所有し、現在も存在する財産が分割対象となります。遺言書や先行する協議書で分け方が決まった財産は、遺産分割の対象になりません。

※3 複数の評価方法があります。

※4 不動産の分割方法としては、大きく分けて、現物分割、代償分割、換価分割、共有分割があります。

※5 死亡後の預貯金引出しについては、引出しをした相続人以外の相続人が合意すれば、調停審判の対象事項となります。

相続人の範囲についてを訴訟で確定することが必要です。

2 遺産の範囲

遺産調停の対象となるのは、被相続人の財産であり、かつ、次の条件を満たすものです。

・相続によって取得したもの
・積極財産
・相続時に存在するもの
・現在も分割されていないもの
・分割手続き時に存在するもの

具体的には、左記が遺産分割の調停対象となる財産です。

・土地、建物（被相続人名義のもの、共有不動産を含む）
・凍結中の預貯金
・現金（特定人が管理しているもの）

・株式などの有価証券、国債、投資信託
・貸借権、借地権
・車や貴金属

○遺産分割調停で遺産と扱われないもの

・すでに名義変更された財産
すでに被相続人から名義が変更されてしまった不動産などは調停の対象にはなりません。
・生命保険金
被相続人以外の人を受取人に指定しているものは遺産になりません。もっとも、受取人未記載かつ約款に規定がない場合や満期受取りの保険金は遺産になります。
・死亡退職金・死亡退職手当
受取人の定めや規定によりますが、基本的には遺産になりません。
・小規模企業共済金、遺族年金

3 遺産の評価

預金や上場株式などはいくらで計算するかが比較的わかりやすいといえますが、不動産と非上場会社の株式といった算定の難しいものは、評価が特に問題になりがちです。

○不動産の評価

不動産の共有分割（不動産を相続分に応じて共有状態にする分割方法）では、不動産の評価は重要ではありませんが、換価分割（不動産を売却して相続分に応じて分配する分割方法）、現物分割（特定の相続人が不動産をそのままの状態で取得する分割方法）、代償分割（特定の相続人が不動産を取得してほかの相続人に金銭を支払う分割方法）では、不動産の評価が重要となります。評価の基準時は相続時ではなく、基本的には遺産分割時です。

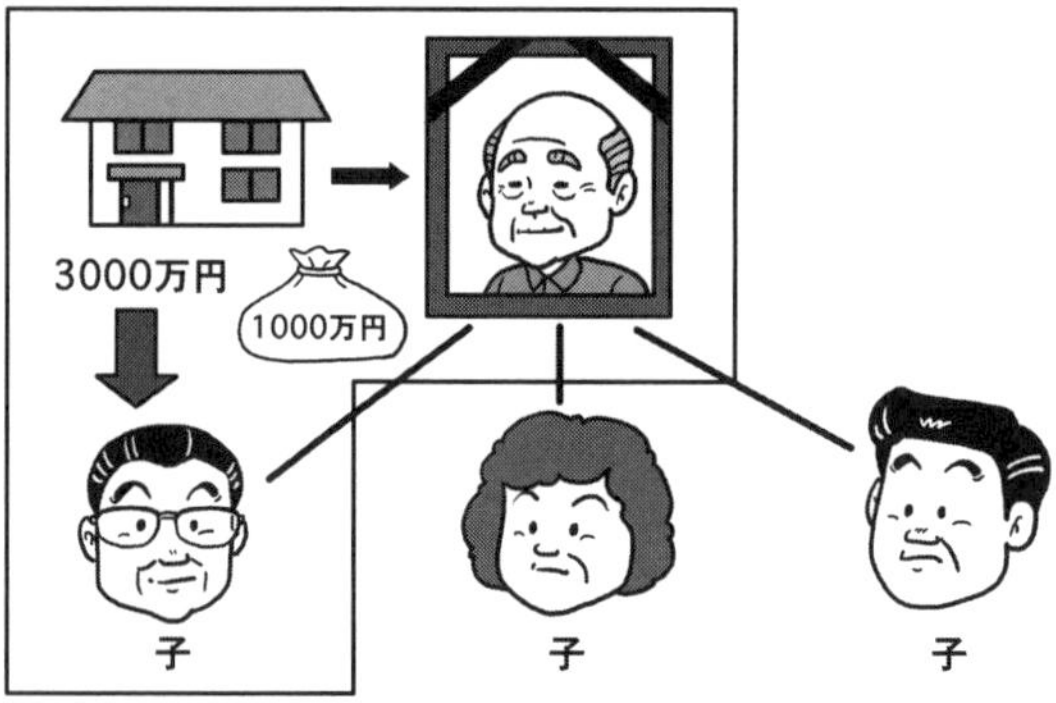

固定資産税評価

市区町村は地方税法に基づいて固定資産である不動産の評価額を決定しています。評価方法として簡易であり、個々の不動産ごとに価格が決定されており、評価額がわかりやすいという特徴があります。また、市街地は安く、へき地は高く、新しい建物は安く、古い建物は高いといった特徴がありますが、これらはマンションの評価方法としては妥当ではありません。

公示地価・路線価

公示地価は、適正な地価形成を目的として、国が公表している土地売買の指標価額です。路線価は、道路に面する標準的な宅地の1平方メートル当たりの指標価額です。路線価が定められていない地域は市区町村の「評価倍率表」を参考にします。

不動産仲介業者による査定

不動産仲介業者による売却見込み額の査定です。売買取引に関与している不動産業者が作成に関与するため、遺産分割手続きでは頻繁に利用されます。もっとも、評価を下げたい側と上げたい側の思惑が査定額に反映されがちです。

不動産の鑑定

裁判所に選任された不動産鑑定士が行う鑑定による評価で、最も信頼性の高い評価方法です。鑑定費用の目安は、平均的な住宅やマンションでは40万~50万円程度ですが、賃貸物件は賃料調査もしなければならないため高額になります。鑑定費用の負担割合は法定相続分で分担することが多く、負担を拒否しても、最終的には審判で手続き費用として負担させられることもあります。一部の相続人が鑑定に反対するときでも、ほかの相続人が鑑定費用を払えば鑑定は実施されます。

非上場株式の評価

非上場株式の場合は、市場価格はありませんから、上場株式のような評価はできません。収益還元方式、純資産評価方式、配当還元方式、類似業種比準方式などの方法で評価を行います。相続人が鑑定に合意できない場合、裁判所の選任した鑑定人によって鑑定されますが、非常に高額な鑑定費用がかかることがありますので、注意が必要です。

絵画、骨董品、貴金属などの高価な動産

購入価格や貴金属の相場価格、専門家の査定額などを参考にします。

●遺産評価の基準時

実務上、遺産評価は、遺産分割時を基準時としますが、特別受益や寄与分が問題となる場合は、具体的相続分の算定にあたり、相続開始時も基準時とした二時点での遺産評価が必要となります。

相続開始時と遺産分割時に年数が経過していない場合や、相続人に異議がなく、二時点での遺産評価がなされなくても相続人の公平性を害しない事情がある場合には、相続開始時のみ、または遺産分割時のみの評価でも認められます。

●遺産評価の合意形成

財産の評価に関する資料を基に、相続人同士で合意形成を目指すことになります。

遺産の範囲や評価などの合意事項は、裁判官立ち会いのもとで中間合意調書に記録することもあります。この中間合意調書は、遺産取得調整や審判時の重要な基礎資料となります。

相続人同士が合意できない場合には鑑定を実施することになりますが、鑑定費用が裁判所に

第〇回期日調書

事件の表示	令和〇年（家イ）第〇〇〇〇号	
期日	令和〇年〇月〇日午後〇時〇分	
場所等	〇〇家庭裁判所	
裁判官	〇〇〇〇	
家事調停委員	〇〇〇〇	
家事調停委員	〇〇〇〇	
裁判所書記官	〇〇〇〇	
出頭した当事者等	申立人ら代理人	〇〇〇〇
	相手方代理人	〇〇〇〇
次回期日	令和〇年〇月〇日午後〇時〇分（既指定）	
次々回期日	令和〇年〇月〇日午後〇時〇分（既指定）	

手続の要領等

当事者全員

1　別紙遺産目録（以下「目録」という。）記載の財産が被相続人の遺産であることを確認する。

2　目録記載１の土地及び同２の建物の合計評価額について、相続開始時及び分割時のいずれも、３０００万円とすることに合意する。

裁判所書記官　〇〇〇〇　㊞

遺産目録

1　土地
所　在：○○区○○○丁目
地　番：○番○
地　目：宅地
地　積：１５７．００平方メートル

2　建物
○○市○○町○丁目○○○番地１
家屋番号　○○○番１
種類　居宅
構造　木造亜鉛メッキ鋼板葺２階建
床面積　１階　６０．７７平方メートル
　　　　２階　５０．１５平方メートル

3　預貯金
(1)　ゆうちょ銀行　通常預金　記号番号１０５○○－○○○○○○○
(2)　ゆうちょ銀行　担保定期預金　記号番号１０○○○－１６○○○○○
(3)　○○銀行○○支店　普通預金　口座番号１２６○○○○
(4)　○○銀行○○支店　普通預金　口座番号１０１○○○○
(5)　○○○銀行○○支店　普通預金　口座番号１１５○○○○
(6)　○○○銀行○○支店　普通預金　口座番号３９２○○○○

4　債権
○○に対する貸付金　○○○万○○○○円

以上

予納されない限り、鑑定は行われません。鑑定が行われない場合でも、調停委員会の合理的裁量に基づく算定などによって評価方法が定まることもあります。

一部分割

調停で遺産の範囲に含まれたすべての遺産について分割を定めず、一部の遺産を先行して分割することがあります。

①急いで現金が必要な場合

墓代、相続人の生活費、相続税の支払いなどのため、とりあえず一部の遺産を売却・換価して代金を分配したい場合

②分割が簡単な遺産を先に分ける場合

預金など分割の容易な遺産を先に分割し、不動産などの分割困難な遺産の分割

については先延ばしにしたい場合

③遺産の範囲に紛争性が強い場合

被相続人の遺産が複雑であり、全容を解明することに時間がかかるため、遺産であることが明らかなものだけ先に分割したい場合

④特定の遺産に固執する相続人がいる場合

特定の動産や不動産、非上場株式などの取得に固執する相続人がいる場合に、調停によって行う遺産の一部分割が、そのあとで行う残余財産の分割の合意に影響するかどうかが議論されることがありますので、一部分割の効力を明記することがあります。

調　書（一部成立）

事件の表示　　令和○年（○）第○○○○号　遺産分割申立事件
期日　　令和○年○月○○日　午後１時１０分
場所等　　○○家庭裁判所○○支部（電話会議の方法による）
裁判官　　○○○○
家事調停委員　　○○○○
家事調停委員　　○○○○
裁判所書記官　　○○○○
当事者等及びその出頭状況
　別紙当事者等目録記載のとおり

手続の要領等

別紙調停条項のとおり調停が成立した。

○○家庭裁判所○○支部

裁判所書記官　○○○○　㊞

（別紙）

調停条項

1　当事者双方は、被相続人○○○○（令和○年○月○日死亡、以下「被相続人」という。）の相続人が申立人と相手方の２名であることを確認する。

2　当事者双方は、別紙遺産目録（以下「目録」という）記載の財産が被相続人の遺産の一部であることを確認する。

3　当事者双方は、目録記載の遺産を次のとおり分割する。

(1) 申立人及び相手方は、目録記載１の土地及び同２の建物を、持分各２分の１の割合で共有取得する。なお、相続登記に要する費用（登録免許税、印紙代、司法書士費用等、一切の費用を含む。）は、申立人及び相手方が各２分の１の割合で負担する。

(2) 申立人及び相手方は、目録記載１の土地及び同２の建物を相互に協力して一括売却するものとし、その売却代金から売却に関する費用（不動産仲介手数料等、一切の費用を含む。）を差し引いた残金について、各２分の１の割合で取得する。

4　当事者双方は、被相続人のその余の遺産について、第３項の分割とは別個独立にその相続分に従って本調停手続において分割することとし、上記遺産の一部分割がその余の遺産分割に影響を及ぼさないことを確認する。

以上

（別紙）

遺産目録

1　土地

（1）所在　　○○市○○字○○

地番　　○番○○

地目　　宅地

地積　　２６．０４平方メートル

（2）所在　　○○市○字○○

地番　　○番○○

地目　　宅地

地積　　９８．８０平方メートル

2　建物

所在　　○○市○○字○○番地○○

家屋番号　　○番○○

種類　　居宅

構造　　木造瓦葺２階建

床面積　　1階　　５８．７９平方メートル

2階　　５１．３４平方メートル

以上

3 特別受益・寄与分

特別受益については、ほかの相続人に特別受益があると主張する相続人が関係資料を提出し、特別受益があると指摘された相続人が、それについては被相続人の持ち戻し免除の意思表示（遺産への組み戻しを免れるかどうか）があったなどの反論をします。

寄与分については、寄与分があると主張する側が関係資料などを提出し、寄与分を否定する相続人はそれに反論をします。

4 取得額の確定

各相続人の取得額を確定させます。合意ができている額のほか、調停を担当する裁判官の考える特別受益や寄与分の額などが反映されます。

5

具体的な分割方法

それぞれの相続人が遺産をどのように取得するかを決めます。預貯金の解約や株式の売却の実行者、現金化した財産の分配方法についても調整します。

不動産については、単独所有や、売却のうえで金額を分配、代償金の提供、共有名義にするなどの方法によって調整します。

多くの遺産分割調停では、相続人の間で話し合いがまとまり、調停が成立しています。調停が成立すると、調停で相続人が合意した内容は「調停調書」に記載されます。その内容は訴訟の確定判決や審判と同じ効力があります。

コラム

調停は時間がかかる

法律相談時に、「裁判所の調停はとても時間がかかるのでは」との質問を多くいただきます。

その理由としては、まず、裁判所の調停が年に8～10回程度しか実施できない、といった事情が挙げられます。また、代理人弁護士や調停委員のスケジュール調整によって実施が遅くなることもあります。

相続人の間に話し合いのできない事情があるため、遺産の範囲や評価、特別受益や寄与分など、一つひとつのテーマを区切って少しずつ話し合いを進めるのですが、どうしても遺産の評価や特別受益、寄与分で争うことが多く、相互に資料を出し合っていると、調停が長引きがちです。

その解決策としては、当事者、代理人の弁護士、調停委員がボトルネックとなっている部分について段取りよくまとめることや、裁判官が積極的に関与し、資料をふまえて裁判官の認定方向をしっかり示すことなどがあります。また、遺産分割以外のさまざまなテーマ（お墓をどうするか、遺産の管理費用や立替金、引き出されてしまった預金の使い道など）が問題になってくると、メインではないテーマに時間が割かれてしまいます。

調停はこのように時間がかかるものですが、相続人の間で協議が全く進まない場合、放っておいたのでは遺産分割は進まず、被相続人の遺産が長期間放置される事態になります。

遺産分割の結論というゴールに近づくためにも、積極的に調停を利用することが重要です。

遺産分割（預貯金）期日調書例

調　書（成立）

事件の表示	令和○年（家イ）第○○○○号　遺産分割申立事件
期日	令和○年○月○日午前１０時００分
場所等	○○家庭裁判所○○支部（■電話会議の方法による）
裁判官	○○○○
家事調停委員	○○○○　○○○○
裁判所書記官	○○○○
当事者等及びその出頭状況	別紙当事者等目録のとおり

手続の要領等

別紙調停条項のとおり調停が成立した。

○○家庭裁判所立川支部

裁判所書記官　○○○○　㊞

（別紙）

当事者等目録

住所	千葉県○○市○○○○丁目○番地の○		
	申　　立　　人	○○○○	（不出頭）
	同手続代理人弁護士	○○○○	（出　頭）
住所	東京都○○市○町○丁目○番○○号		
	相　　手　　方	○○○○	（出　頭）
	同手続代理人弁護士	○○○○	（出　頭）
本籍	千葉県○○市○○番地○		
最後の住所	千葉県○○市○○○○番地の○○		
	被　　相　　続　　人	○○○○	
		（令和○年○月○日死亡）	

以上

（別紙）

調停条項

1　当事者双方は、被相続人○○○○（令和３年○月○日死亡、以下「被相続人」という。）の相続人が申立人と相手方の２名であることを確認する。

2　当事者双方は、別紙遺産目録記載の財産が被相続人の遺産であることを確認する。

3　当事者双方は、別紙遺産目録記載の遺産を次のとおり分割する。

(1)　申立人は、別紙遺産目録記載１ないし４の遺産を取得する。

(2)　相手方は、別紙遺産目録記載５及び６の遺産を取得する。

4　申立人は、相手方に対し、前項(1)の遺産を取得した代償として、○○万○○○○円を払うこととし、これを、令和○年○月末日限り、○○銀行○支店の「○○○○」名義の普通預金口座（口座番号○○○○○○○○に振り込む方法により支払う。なお、振込手数料は、申立人の負担とする。

5　申立人と相手方は、申立人が、被相続人所有の全ての動産を取得することに合意する。

6　当事者双方は、本件に関連して、事務手続上協力が必要な場合には、お互いに協力するものとする。

7　当事者双方は、以上をもって被相続人の遺産及びその分割に関する紛争が一切解決したものとし、本調停条項に定めるほか、何らの債権債務がないことを相互に確認する。

8　調停費用は、各自の負担とする。

以上

（別紙）

遺産目録

1　○○○○農業協同組合○○支店　普通預金
　口座番号０００○○○○
2　○○○○農業協同組合○○支店　定期預金
　口座番号１７２○○○○
3　ゆうちょ銀行　通常貯金　記号１０○○○番号１４２○○○○
4　ゆうちょ銀行　定額貯金　記号１０○○○番号１４２○○○○
5　○○○銀行○○支店　普通預金　○○○○
6　後見人預り金○○万○○○○円（令和○年○月○○日時点）

以上

コラム

調停で取り決めた金銭支払いが守られない場合

調停調書に記載された合意内容には、確定判決と同じ効力があります。相続人は遺産分割調停成立後、その内容をお互いに守る義務を負います。

例えば、申立人の相続人が遺産の不動産を取得する代わりに代償金を支払う取り決めで調停が成立したにもかかわらず、申立人が代償金を支払わない場合、ほかの相続人は裁判所に申立てを行い、申立人の給料や財産を差し押えること（強制執行）ができます。裁判所から差押えの執行文が送達されると、あわてて支払いに応じることもあります。

調停に代わる審判

遺産分割調停で調停委員を交えて話し合っても、遺産分割のすべての問題を一度に合意することは容易ではありません。

お互いに遺産分割の大きな方向性について異存がない場合でも、出席しない相続人がいる、些末な事項にこだわる相続人がいることにより、調停が成立しないという事態が生じてしまうことがあります。

このような場合、調停そのものを不成立にして審判に移行する方法もありますが、遺産分割の内容そのものには当事者の意向や公平の視点から問題がない場合、調停委員会がその裁量で審判を行うことがあります。これを「調停に代わる審判」といいます。

調停に代わる審判は、当事者への審判書の送達から2週間以内に異議が申し立てられない場合に確定します。この審判に異議が申し立てられると審判は効力を失い、再度調停に戻ることもあります。

令和〇年(家イ)〇〇〇〇〇号　遺産分割申立事件

審　判

当事者等：別紙当事者等目録のとおり

主　文

1　当事者全員は、相続開始時、被相続人の相続人が、申立人、相手方ら及び〇〇〇〇であったこと、〇〇〇〇の申立人に対する相続分譲渡により本件の当事者が申立人及び相手方らとなったことをそれぞれ確認する。
2　当事者全員は、別紙遺産目録（以下「目録」という。）記載の財産が被相続人の遺産であることを確認し、申立人はこれらすべてを単独取得する。
3　申立人は、相手方らに対し、前項の遺産取得の代償として、各〇〇〇万〇〇〇円を支払うこととし、これを本審判確定の日から1か月限り、相手方らが指定する金融機関の口座に振込む方法により支払う。但し、振込手数料は申立人の負担とする。
4　当事者全員は、以上を持って被相続人の遺産に関する紛争が一切解決したものとし、本審判主文以外に何らの債権債務の存在しないことを相互に確認する。
5　手続費用は、各自の負担とする。

理　由

1　本件記録によれば、本件の当事者は、主文１項のとおり、申立人及び相手方らであること、及び目録記載の財産が被相続人の遺産であることが認められる。

2　本件手続きにおいて、申立人は、相手方らにそれぞれ代償金を支払って目録記載の財産すべてを取得することを提案した。相手方Ａは当該提案を受諾したが、相手方Ｂは、これまで調停期日に出頭せず、主文２項から４項までを内容とする意向照会に対し、意見等を記載した書面を提出しなかった。また、上記提案内容は、提出された資料や調停手続の経過等に照らして相当といえる。
したがって、主文２項から４項までのとおり定めるのが相当である。

3　以上のとおり、当事者全員のために衡平に考慮し、一切の事情を考慮して、調停委員会を組織する家事調停委員の意見を聴いた上、家事事件手続法２８４条１項により、主文のとおり審判する。

令和○年○月○○日
○○家庭裁判所家事第○部　　調停官　○○○○　㊞

3-3 遺産分割調停を上手く進めるコツ

1 申立人の作成した事情説明書の間違いは、必ず指摘する

調停で相手方となった場合、調停申立書が送られてくるので、事前に申立人の言い分を知ることができます。

中立書の遺産目録や申立てに至る事情に偽りがあったり、事実と異なる記載があれば、家庭裁判所に提出する答弁書や事情説明書に自分の言い分を記載します。

そして、第1回の調停期日までに言い分をまとめ、それを裏付ける資料や証拠を用意して、調停の期日にしっかり説明や反論をできるようにしましょう。

2 無断欠席をしない

遺産分割調停が申し立てられると、家庭裁判所から相手方となっている各相続人に調停期日の指定された呼出状が届きます。指定された期日は、申立ての日から1～2か月先の日時になっています。呼出状を受け取る相手方となっている相続人は、調停期日の指定された時間に家庭裁判所に出頭する必要があります。もっとも、仕事や旅行、入院の予定があるなど、相続人に出頭できない正当な理由があれば欠席も可能です。

期日の指定は調停委員会の裁量があるので、このような事情がある場合に期日の変更を希望しても、期日が変更されるものではありません。中立人である相続人と顔を合わせたくないという理由は心情的には理解できますが、正当な理由とはなりません。中立人が進めようとしていることが面倒だからと、調停期日に出頭せず、調停を無断欠席することだけは絶対にやめてください。

調停の場合は民事訴訟と違い、呼び出された期日に出頭しない場合、対立相続人の主張が正しいと認められるものではありませんが、手続きに非協力のままでいると「調停に代わる審判」といって、調停委員会がその裁量で遺産分割審判を発令することがあります。このような審判が発令されないまでも、遺産分割調停を続ける場合に調停を無断で欠席していると、調停委員の心証が悪くなります。後述するように、調停委員を味方にすることは調停の手続きを有利に進めるうえで重要ですので、無断欠席はやめましょう。

●調停委員に好印象を抱いてもらう

調停委員は中立公平な立場で、相続人それぞれの言い分を聞きます。

一人の相続人へ極端に肩入れをすることや、遺産分割条件を特定の相続人に強要するようなことはありません。もっとも、調停委員も人であり、調停への協力姿勢や振る舞い、発言によっては、特定の相続人に好き嫌いの感情を抱くことや、力になりたい・なりたくないという気持ちを抱くことは否定できません。印象の良い相続人のほうが、より丁寧な対応をしてもらえることはいうまでもありません。

●調停委員に好印象を抱かれやすいポイント

□必要な資料を準備してある
□前回の調停で検討が必要とされた事項をしっかり検討してきている

□不快感を与えない服装や身だしなみになっている
　ブランド物や、高価な装飾品、派手な衣服は避ける
□横柄な物言いや乱暴な口調になっていない
　必要以上に相手を非難したり、名誉毀損、侮辱などの誹謗中傷をしない
□自分の言い分が通らなくても感情的になって声を荒げたりしない
□調停委員から聞かれた質問にはしっかりと答えている
□調停委員の進行に従い、その考えを聞く姿勢がある
□相手の言い分や意見を聞く姿勢がある
□遺産分割の希望や要求事項など、自分の言い分や意見がまとまっている
□調停成立のために妥協をする気持ちがある
□希望する遺産分割内容が社会常識に照らして妥当な内容になっている
□調停を成立させるために何が問題になっているのか、調停委員と一緒に考える姿勢がある

3　調停委員の発言を尊重する

調停委員は公平な立場であり、特別受益や寄与分などについて、一方の主張を鵜呑《うの》みにする

ようなことはありません。調停委員は双方が妥協できる土台作りをする立場です。

相続人の中には、自分の言い分は絶対に正しいと思い込み、一切の譲歩や相手の解決案を拒否し、相手の言い分や調停委員の発言に耳を傾けず、感情的になり、中立の立場である調停委員に食ってかかる人もいますが、このような態度はマイナスです。

相手方の言い分や調停委員の意見には真摯《しんし》に耳を傾け、そのうえで反論することです。

4 相手の意見を無視しすぎない

調停は審判と異なり、裁判所が遺産分割の内容を一方的に結論付けるものではありません。調停手続きの方向性や遺産分割案に不満があれば、感情的にならず、法的な視点から反論することが必要です。

しかし、自分の希望や言い分に固執しすぎて、相手の意見を一切受け付けないような場合は調停をまとめる意思がないと判断され、調停が不成立の方向に流れやすくなります。そのうえで、遺産分割審判に移行すれば、結果的に自分にとって全く納得できない審判が発令されてしまう可能性が高まります。調停を成立させるためには、時には譲歩や妥協も必要となります。

5 調停は、被相続人への愛情の大きさを競う場ではない

調停では、過去の相続人同士のやり取り（ＳＮＳ・メール・会話録音など）を確認する場面があります。過去の対立やいさかいの事情の把握は必要ですが、他方で、法的な解決に直結しない事情も多数存在します。

相続人はさまざまな思いで調停や審判に臨みますが、裁判所は、基本的に当事者の感情や心情、人間関係に深くは立ち入りません。

筆者が過去に扱った遺産分割調停や審判では、以下のような事情は、遺産分割結果に全く影響を与えませんでした。

①被相続人が、生前に誰にどの遺産を残したい、渡す、誰々に多くする少なくするといった口頭での発言内容（遺言書などの「書面」がある場合は除く）
②被相続人（故人）との交流状況、愛情の大小、愛情の深さ、親孝行の内容
③被相続人、相続人それぞれの信条、信念、宗教観、価値観
④相続人同士（兄弟間姉妹間）の仲の良さ悪さ、喧嘩、行き違い、交流の有無
⑤子ども同士の扱いの公平さ、平等さ、えこひいきの有無など（大きな財産贈与があって、

特別受益に該当する場合は別）
⑥被相続人の日常の入通院や世話の状況（専従的な身体介護関与、立替費用は除く）
⑦相続人ではない孫と被相続人との関係性、金銭のやり取り
⑧被相続人死亡後の葬儀、法要、追悼や親族間協議の場での相続人の間の発言内容
⑨被相続人死亡後の相続人同士の会話やメールなどでの相互不信、関係悪化

6 相手を非難してばかりでは調停が進まない

相続人の中には、長年の人間関係のこじれなどから、相手を責め立てるばかりになってしまう人が時々います。

例えば、1次相続（例、父の相続）の内容に不満があり、2次相続（例、母の相続）でこじれてしまって遺産分割調停になり、一方的に相手の言動をなじって非難し続けていては、具体的な遺産分割の話し合いになかなか入れません。相手の悪口を言って自分を正当化しても、当事者が考えているほど調停委員はその言い分を重視しません。

遺産分割条件をまとめるために遺産分割調停がなされている以上、お互いに調停成立を目指した前向きな対応が必要です。調停委員を通じて、お互いに妥協できる遺産分割条件を詰める

ことが重要です。遺産分割に向けた建設的・前向きな考えや態度は、調停委員の心証を良くします。調停委員を味方にするということは、こういうことなのです。

7 重要な部分は自分の考えをはっきりと伝える

自分の考えをはっきりと言うことは相手を誹謗中傷することではありません。

例えば、筆者の関与した遺産分割調停に、「認知症だった被相続人の預金を、相手の相続人が、被相続人の亡くなる数年前に5000万円以上を引き出してしまった」という事案がありました。

調停の場で調停委員に「預金引出し問題を調停に含めて調停を進めたい」と伝えたところ、調停委員から「過去のことを持ち出されても」と言われたため、その場ではっきりと「このような大金の引出しを無視して調停を続けることはできません。過去のことを持ち出さないわけにはいきません。相手にこの預金を遺産に必ず組み戻してもらってから調停を進めることを強く求めます」と伝えました。

遺産分割調停では、遺産の範囲、遺産の評価、特別受益、寄与分などで相続人同士の言い分や考えが食い違うことが普通です。意見が大きく開いて調整が困難になることも珍しくありません。

調停委員は、相続人それぞれの言い分を聞きながら、どちらの言い分が正しいかを判断したり、妥協できそうな部分を決めていったりしますが、相手の言い分や意見を無条件で受け入れなければならない、調停委員の考えに反論してはならない、というわけではありません。

相手の考えや意見が明らかに間違っていたり、当方にとって大きく不利になっていたり、法律的にも明らかに間違っていたりするような場合ははっきりと伝えるべきです。

必要な反論を行うことは決して相手への誹謗中傷ではありません。

8 自分に不利な流れの場合、遺産分割調停を取り下げることができる

調停を申し立てた側の場合、不成立になる前に取り下げる方法もあります（法改正により、相続開始時から10年経過後は相手方の同意が必要）。例えば、調停委員の進め方や調停委員会の寄与分や特別受益に対する考えがどうも納得できず、分割方法に納得できないまま調停が進行しているような場合でも、調停不成立になると自動的に審判に移行し、家庭裁判所が判断を下してしまう場合があります。そして、審判に移れば、調停を申し立てた側に必ずしも有利な結論が出るとは限りません。このような場合、根本的な解決にはつながりませんが、遺産分割

調停を取り下げれば、調停は初めからなかったことになります。

9　遺産分割調停では、相続に関するすべての問題をまとめられないことが多い

多くの遺産分割調停では、調停において遺産の範囲に含まれた不動産、預貯金、株式、車両などの主要な財産を分割する調停が成立します。

もっとも、形見、被相続人の死亡前後に引き出されてしまった預金分や使途不明金、貸付金、お墓や葬儀の費用、相続発生後の収益物件の賃料などを、遺産分割へ反映できず、調整がつかない場面も多くあります。

この場合は遺産分割調停自体を不成立にしてもよいのですが、これらの調整がつかない問題については、あえて調停のテーマから外して、主要な財産分けだけで遺産分割を成立させる方法もあります。調停のテーマから外された部分は、ほかの相続人への請求を諦めるか、別個の民事訴訟を起こして解決を図る方法もあります。

コラム

相続の前提問題の対立が激しいときは

遺産分割や遺留分請求と強く関係する、相続の「前提問題」の対立が激しいときがあります。

遺産分割調停を進めようとしても、前提問題に争いがある場合、調停が中断されて、その訴訟の結論を待ってから調停が再開されることもあります。

前提問題に紛争性が強い場合、現在の裁判所実務では、未済事件を増やさないため、調停について延期や延長の処理をせず、調停委員会が申立人に強く調停の取り下げを求めることや調停を「なさず」によって調停が強制的に終了されてしまうこともあります。

このような前提事項に紛争性がある場合、これを争う側が訴訟を提起する必要があります。

前提問題がある場合は、遺産分割調停でいくら話し合いを進めようとしても、話し合いの前提が異なっているため、意味がありません。まずは訴訟で前提問題を解決し、その後に遺産分割調停を申し立てることが定石となります。

遺産分割の前提問題に紛争性がある場合は、ただでさえ複雑な相続がさらに複雑になりがちですので、注意が必要です。

[典型的な遺産分割の前提問題と法的措置]

1 遺言書の法的有効性やその効力
　遺言無効確認の訴訟

2 相続人の範囲（相続権の有無）
　養子縁組無効確認の訴え
　親子関係不在確認の訴え

3 遺産の範囲
　遺産確認の訴え

図２　民事訴訟手続きの流れ（初回期日～判決）

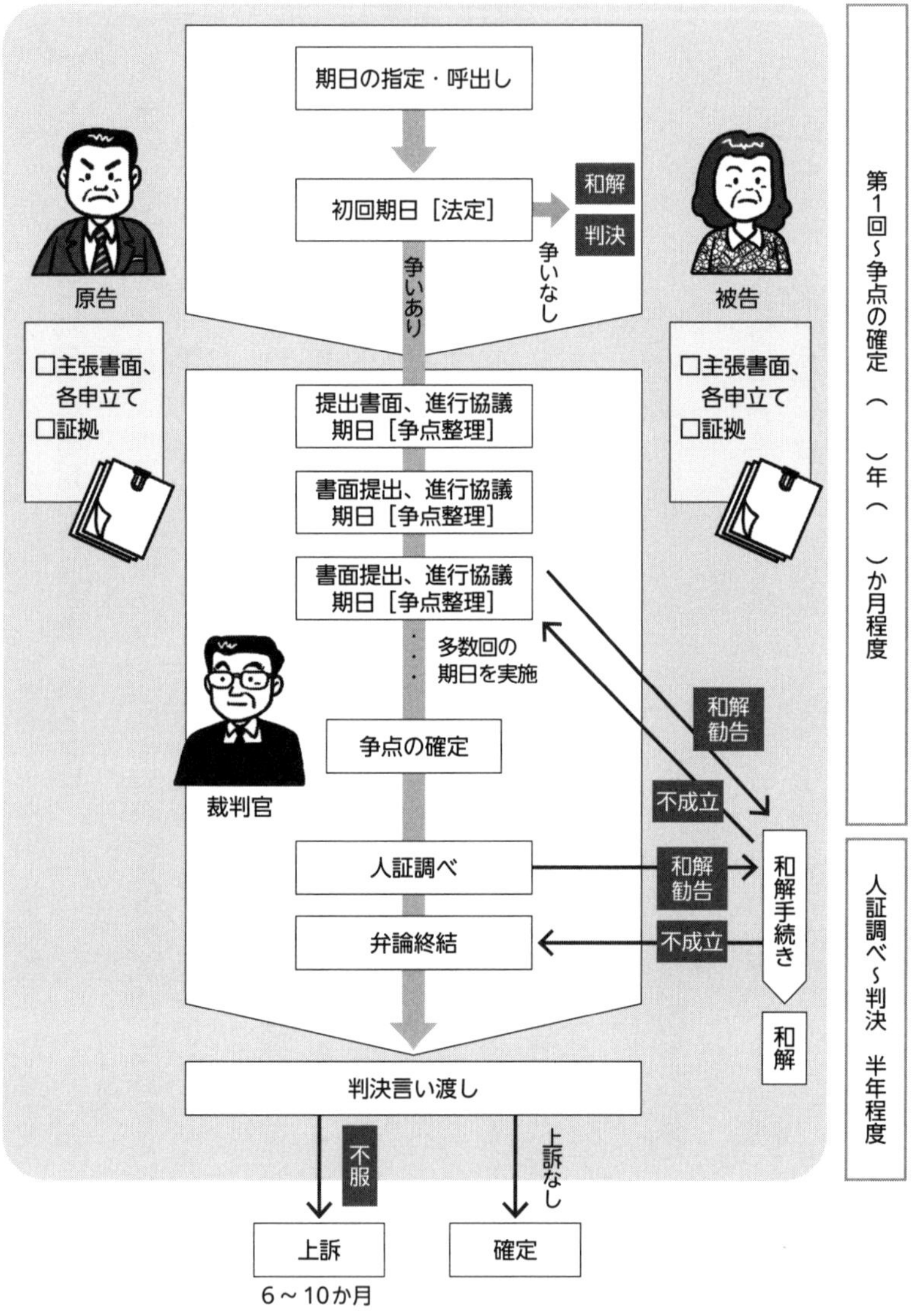

3-4 訴訟となる場合Q&A

遺産分割調停では、不動産の修繕費用や固定資産税の負担、相続開始後の遺産収益（賃料や地代）、葬儀費用などの付随問題が表面化し、相続人の間での調整のつかない場面がよく発生します。

調停で調整できない付随問題は、遺産分割審判の対象から除外され、民事訴訟での決着を求められます。

付随問題を解決するために民事訴訟まで行うかは、非常に悩ましい問題といえます。

民事訴訟の基本知識をＱＡ形式で解説します。

Q 民事訴訟は時間がかかると聞きますが、どれほど時間がかかるのでしょうか?

A 対立が激しい訴訟の場合、第1回期日から判決までは1年6か月～2年6か月ほどの期間を要します。さらに長引くこともあります。判決後の上訴（控訴）期間は6～10か月かかります。

Q 訴訟の期日は、どれぐらいのペースで実施されるのですか？

A およそ月に1回ほどのペースです。裁判所の夏季休廷期間、年末年始、3月下旬〜4月上旬は期日が実施されません。裁判所、弁護士、原告、被告の各スケジュールにも影響を受けますが、1年に実施される期日の回数は8〜10回程度です。

Q 初回（第1回）期日は何をするのですか？

A 原告の訴状の請求や主張の内容、被告の答弁（争うか争わないか）や反論、証拠の確認をします。初回期日までに被告が詳細な認否や反論をできない場合、被告の答弁は要点だけとなり、第2回以降に詳細な認否や反論を行う流れとなります。被告が争わない場合、初回で判決や和解の段取りが組まれます。第1回期日の時間は15分前後です。

Q 期日は毎回必ず裁判所の法廷で実施されるのですか？

A 初回期日と人証調べ（本人尋問、証人尋問）は、当事者が入院中などの特殊な事情がない限り、裁判所の法廷で実施されます。ほかの期日は、裁判所の準備室で実施され、代理人の弁護士はPCのオンラインシステムや電話などでも参加できます。

Q 争点整理の期日では何が行われるのですか？

A 原告、被告の主張書面、提出証拠、申立て（文書提出命令、嘱託手続きなど）への判断などがなされます。時間は15分前後です。ＰＣのオンラインや電話方式などで実施されることもあります。

Q 原告本人や被告本人は、毎回の期日に出席する必要があるのですか？

A 争点整理手続きの場合は、書面の確認や進行調整が大半のため、ご出席いただかなくても手続きは実施できます。もちろん、手続き状況が気になる場合はご出席いただいても大丈夫です。和解協議の詳細な条件調整や尋問手続きには、出席をお願いします。

Q 争点整理は原告と被告が交互に主張や証拠の提出をするようですが、次の期日が相手の番になったときに、こちらは何もしなくても良いのでしょうか？

A 訴訟の実情や展開次第ですが、特に準備の必要がない期間もあります。

Q 主張を裏付ける証拠がない場合、裁判官はどのように事実を認定するのですか？

A 訴訟では「立証責任」を負う側が、有力な証拠や客観証拠を提出して、自らに有利な認定を勝ち取る必要があります。立証責任を負う側が有力な証拠を提出しない場合、「証明ができていない」「立証責任を果たしていない」として、判決で認められない事態になりがちです。

Q 争点整理のあとに証人（本人）尋問が実施されるようですが、いつ頃に実施するのですか？

A 争点整理の終了場面になると、証人（本人）尋問の期日が調整されます。尋問期日は争点整理の終了期日の2～3か月後の日時になることが多いです。

Q いつまでも争うことは避けたいため、和解したいのですが、タイミングはどうなりますか？

A 訴訟の流れ次第ですが、争点整理中や尋問直後などに、裁判官から和解勧試があり、和解協議を行うことがあります。このような流れを無視して急いで和解を求めてしまうと、不利な和解内容に応じざるをえない事態になることもあります。和解のタイミングや内容には駆け引きの要素もあります。

Q 判決が出たあとは、控訴審になるのでしょうか？

A 判決内容に不服のある当事者が控訴審を行えば、控訴手続きに移行します。

Q 控訴審はいつ始まり、いつ終わりますか？

A 一審の判決日から4～6か月後あたりに控訴審の第1回期日が実施されます。控訴審では、第一審判決に明白な事実認定の誤りや新たな有力な証拠が提出されない限り、初回もしくは2～3回目の期日で結審となることが多いといえます。

第4章
遺産分割審判と遺言相続・遺留分

4-1 遺産分割審判とは

遺産分割審判は、遺産分割を家庭裁判所で行う裁判手続きです。調停が不成立となった場合は、自動的に審判手続きに移行します。調停委員ではなく家事審判官（裁判官）が遺産分割の方法を決定することになります。

遺産分割審判は調停手続きと異なり、裁判官が遺産分割内容やその方法について、その裁量で一方的に判断を下す手続きとなります。

1 調停不成立と審判への移行

申立人および相手方それぞれに具体的な遺産分割の希望案を示し、相続人の取得希望の折り合いがつかない場合や調停条項の調整が整わない場合は、調停委員会で審判移行のための評議を行い、調停を不成立とします。第1回の調停期日よりおよそ1年から1年半程度の間に、8～12回程度の実施を目安に調停が行われます。

○遺産分割審判の開始

遺産分割調停が不成立で終了すると、裁判所から遺産分割審判に移行した通知と、最初の審判期日の呼出状が届きます。調停が不成立となると自動的に遺産分割審判に移行しますので、調停の中立人側から改めての審判申立ては不要です。

○審判の管轄裁判所

被相続人の最後の住所地を管轄する家庭裁判所となりますが、遺産分割調停から移行した場合は調停を扱った裁判所でそのまま審判手続きがなされることもあります。

○審判移行の基本条件

審判移行の基本条件は、①相続人の範囲、②遺産の範囲、③遺産の評価という三つが確定していることです。これらが確定していないと、審判に移りにくいといえます。

○審判手続きの特徴

遺産分割審判は、中立人と相手方が主張とその主張を裏付ける立証をそれぞれ提出する形で進められます。都市部の裁判所では、遺産分割調停の時点で、遺産の範囲と評価、特別受益と寄与分の資料の提出を各相続人に求めており、その資料を基に、審判官（裁判官）が遺産分割の判断を下すことになります。もっとも、審判においても裁判官の判断によって話し合いの場が設けられることはあります。

○前提事項や重要な関連問題に紛争性がある場合

相続人の範囲、遺産の範囲といった前提事項や預貯金引出し・使途不明金問題などの重要な関連問題に紛争性が強い場合、調停委員会としては、審判への移行が困難となります。この場合は申立人の取下げや調停委員会（裁判官）による「なさず」との判断で調停が打ち切られることもあります。

2 審判の審理方式

審判手続きは、家事審判官（裁判官）が事実関係を確認して、判断をする手続きです。

審判では、期日に相続人の双方が出席して、相続人の陳述をふまえて進められます。審理は同室で、相続人同士が顔を合わせて実施されます。

家事審判官は、調停の資料のうち特に特別受益や寄与分について相続人の主張を裏付ける証拠や資料を確認し、調整による合意を促すか、裁判官の裁量で遺産の分け方を決めるかを判断して審理を進めていくことになります。

○審判の審理回数や期間

調停段階でどの程度の資料がそろっているかに左右されます。調停段階での資料の提出状況が不十分であれば長引きますし、調停段階から審判官が実質的に関与しており、そのまま調停不成立の状況を引き継いで同一の家庭裁判所で、調停委員会を構成していた裁判官が審判官になって審判が行われるような場合は、速やかな審判発令になることもあります。

○審判の発令

協議や調停で合意できなかった場合でも、審判の発令となれば遺産分割の結論が出ます。もっとも、遺産分割審判では、遺産に対する分割の判断しかできません。遺産管理費用や不動産の賃料調整などは、遺産分割審判では全く判断されません。

○審判では分割対象とならない遺産

①被相続人の生前や死後に、被相続人の預貯金口座から引き出された使途不明金

ただし、2019年7月に施行された改正相続法が適用になる相続では、引き出した相続人の合意がなくても、ほかの相続人が合意すれば、遺産として扱えます。

②貸金などの請求権

相続人同士が合意すれば分割対象にできますが、合意しない場合は法定相続の基準で分けられ、審判での分割の対象にはなりません。

③相続開始後に発生した家賃・地代（アパート、マンション、貸家、貸地）

④葬儀費用

⑤遺産管理費用

⑥借入れ、負債、保証債務

コラム

審判対象事項の限定

遺産分割手続きには、親族間の感情対立と財産分配の視点から、相続人にとって「遺産に関わる問題のすべてを解決したい」というニーズが強いといえます。

しかしながら、遺産分割審判は遺産の範囲に含められる遺産について分割方法を決めるだけであり、その分割方法に制約もあるため、柔軟な解決を図れません。

審判の対象となる遺産は、相続開始時および遺産分割時に存在する未分割の積極財産に限られます。この積極財産には、分割債権（例、貸付金）や預金引出しなどの使途不明金（法的には不当利得返還請求権、不法行為の損害賠償請求権）、さらには、相続発生「後」の諸問題（例として固定資産税の立替費用、遺産の管理費用）などの付随問題は一切含まれません。

そのため、一つの相続に関連するさまざまな紛争が、法律の制度上、対象事項の性質と争点ごとに、非訟手続き（調停・審判）と訴訟手続きという、家庭裁判所と地方裁判所の二つの裁判所の手続きに分かれてしまうことがあります。

遺産分割の審判では、遺産分割に付随した相続人の間に派生するさまざまなトラブルや紛争をワンストップ型の司法サービスによって矛盾なく一挙に解決するということが極めて難しいです。

このような民事訴訟手続きは、遺産分割調停で疲弊している相続人に対して、さらなる手間や費用を求めるもので、権利行使を断念する相続人が出てくることもあります。その結果、共同相続人同士の実質的公平を実現することができなくなる事態が生じがちとなり、潜在的な紛争が未解決のまま積み残される可能性があるのです。

4-2 付随問題

遺産分割調停や審判では、不動産、預貯金、株式、貴金属類、車両などの財産的価値が高い主要な遺産についての話し合いはもちろん、これら主要な遺産以外の遺産や相続関連問題についても広く話し合われます。

付随問題については、調停で話し合いができれば調停内で解決し、話し合いができない場合は遺産分割調停のテーマから外され、別の調停や訴訟における解決が必要となります。調停でテーマに上がりやすい関連問題を説明します。

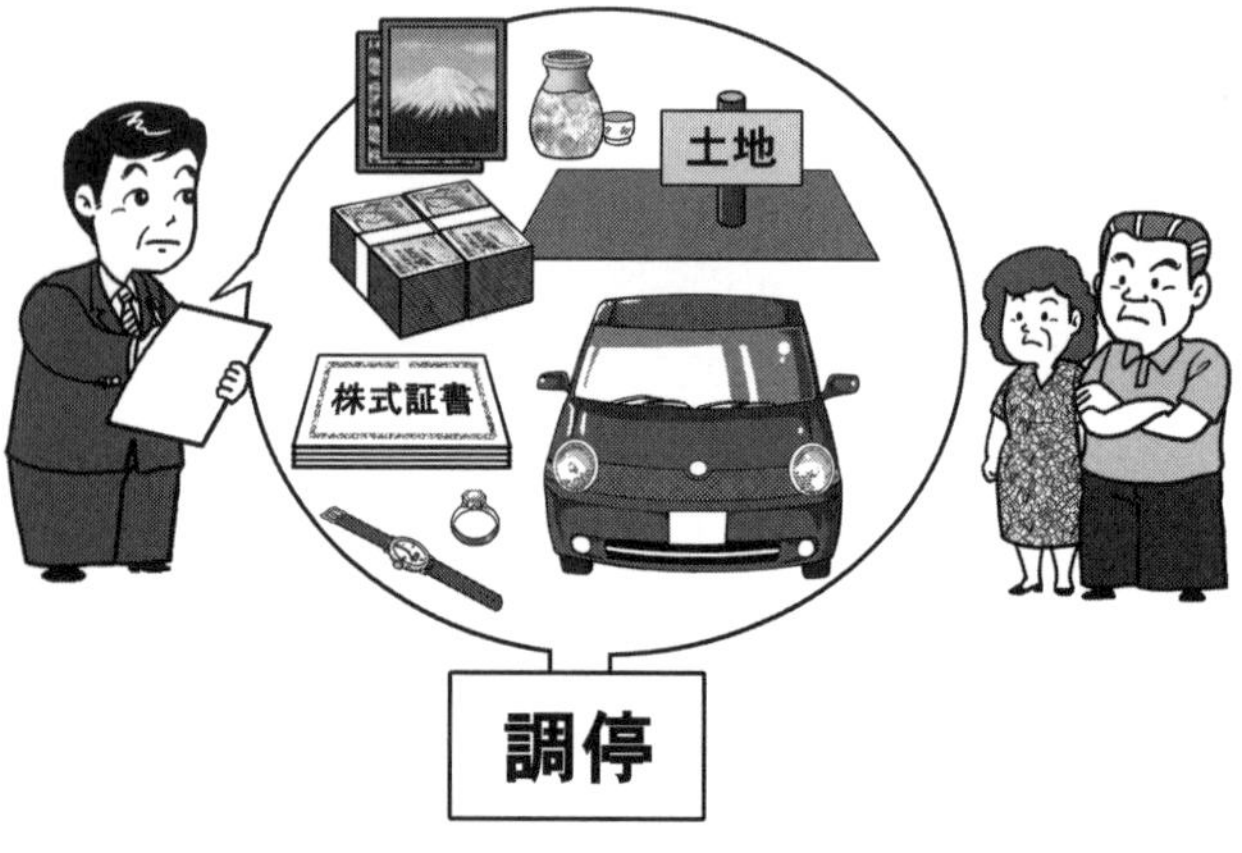

1 遺産管理費用

相続発生後の不動産の固定資産税の支払いや、その不動産に付帯している庭の草木の伐採や掃除などの管理にかかった諸費用です。これらの遺産管理費用を立て替えた相続人がいる場合でも、これらの諸費用を調停での調整事項に入れられない場合は調停のテーマから外れることになります。

○遺産からの法定果実・収益（賃料など）

賃貸している遺産の不動産から生じる賃料は、各相続人が、その法定（指定）相続分に応じて、分割して取得するもので、遺産とは別の権利といえます。一部の相続人が遺産の不動産から生じた賃料を独占し続け、調停での金額調整ができない場合は訴訟で解決することになります。

○預貯金の払い戻し、使い込み（使途不明金）

被相続人の預貯金の通帳や取引明細を調べると、多額の引出しや振込み（以下、使途不明金）があり、預貯金の使い込みが疑われることがあります。

特に、被相続人の介護が必要になった時期、老人ホーム等に入った時期、認知症が進んだ時期、相続開始直前や直後の時期などに使途不明金が発生しがちです。

引出行為者が誰かを調べたうえで、引出金が被相続人のために使われたか、そうでない場合は遺産に組み戻せるか、特別受益として扱えるか、といった議論になります。

使途不明金を発見した場合は、引出しを実行した人物と協議をし、まずは使途不明金を遺産に組み戻すよう要請します。組み戻しの要請に応じた場合、実行者の手元現金として遺産の範囲に含めます。組み戻しの要請に応じない場合、または贈与があったものと同じと考えられる場合は、特別受益として扱い、引出実行者の相続分から引出分を差し引く調整を行うこともあります。

遺産への組み戻しや特別受益として扱えない場合は、調停での解決は困難となり、地方裁判所で訴訟などを行うかどうかといった問題になります。

使途不明金は、遺産分割を進める際には特に対処が難し

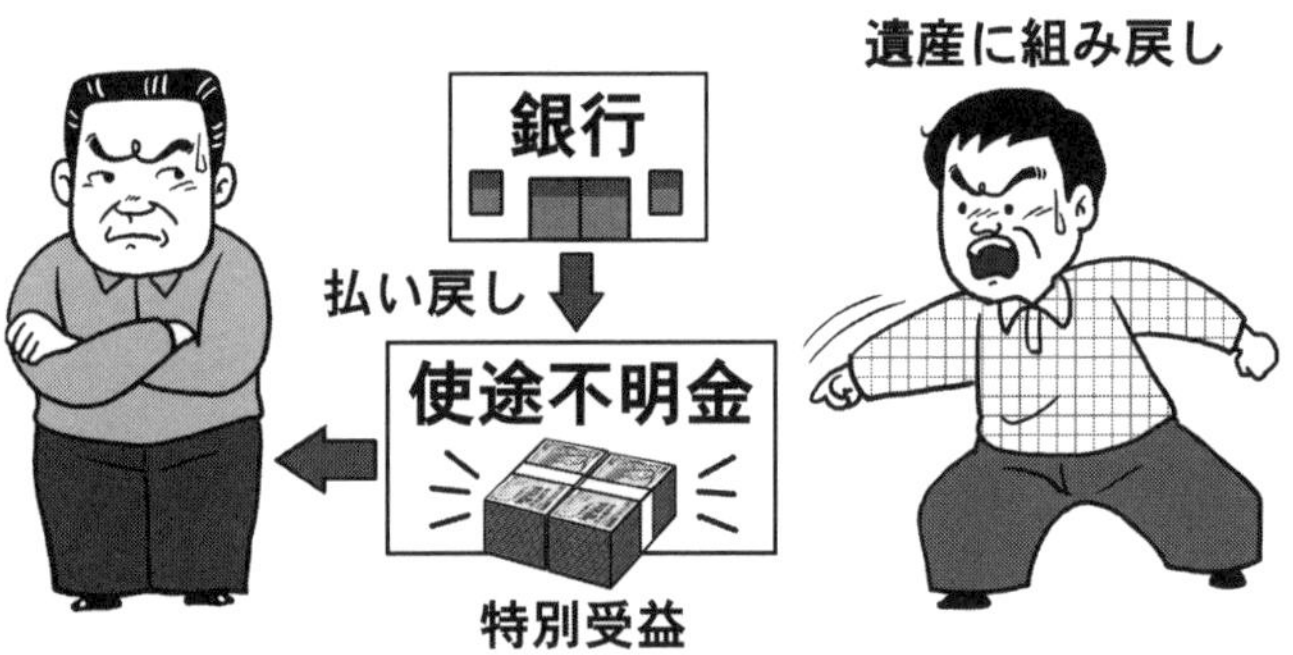

い問題ですので、判断に迷った場合は必ず詳しい弁護士にご相談ください。

2 葬儀とお墓の管理

○葬儀費用・香典

葬儀費用は、相続後に発生していることから、相続債務ではありません。葬儀費用を相続人のうちの誰が負担するかについては、①喪主負担、②相続人負担、③相続財産負担、④慣習で決めるなどの考え方がありますが、裁判例では喪主負担とすることが多い状況です。

遺産分割調停では法定相続分の負担が基本です。

香典は、祭祀主催者や遺族への贈与であり、香典の趣旨から香典返しを差し引いた分を葬儀費用に充てることになります。

遺産分割調停が成立する場合は、「(葬儀費用−香典＋香典

返し）÷相続分」のような計算方法で各相続人の負担を計算することがあります。

○遺骨、お墓の管理

遺骨は遺産ではないため、遺産分割の対象にはなりません。調停で調整できる場合は、分骨などの合意が可能です。

お墓の管理問題も、遺産分割調停で話し合えない場合はテーマから外されます。

4-3 遺言による相続

1 代表的な遺言の種類

遺言の種類はいくつもありますが、実際に作成件数が多い代表的な遺言は、①自筆証書遺言、②公正証書遺言です。ここでは、この二つの遺言について説明します。

①自筆証書遺言とは、被相続人が直筆で作成した遺言です。文書や署名の自書、日付け、押印などの形式要件が定められています。作成後は、遺産を受け取る人物が預かっていたり、被相続人の自宅内や貸金庫に保管されたりしていることが多く、法務局でも保管が可能です。

自筆証書遺言は、作成者が亡くなったあとに家庭裁判所での検認手続きが必要です（法務局保管の場合は不要）。検認とは、遺言の存在や形状、内容（加除訂正の状態、日付、署名など）を明らかにすることです。遺言書の偽造・変造を防止するための手続きになります。

検認は、遺言書の保管者またはこれを発見した相続人が、家庭裁判所へ申立てをしてから進められます。実務としては、家庭裁判所から相続人に検認実施についての連絡書が送られ、検認日に家庭裁判所の一室で裁判官が関与する中で遺言の確認が行われ、それが裁判所の記録に残ります。

検認手続きは、遺言の法律上の有効・無効を判断する手続きではありません。

②公正証書遺言は、公証役場において公証人関与のもとで作成される遺言です。遺言を作成した人物の死亡後（相続発生後）、相続人は、被相続人が生前に公正証書遺言を作っていたかどうかを公証役場で検索できます。そして、保管先の公証役場で、公正証書の原本の閲覧と、

謄本の交付請求ができます。

2 遺言書で生じる法的な効力

遺言書の法律的な効力は主に次のことに生じます。

①遺贈
②相続人の廃除
③相続分の指定または指定の委託
④遺産分割方法の指定または指定の委託
⑤遺産分割の禁止
⑥遺言執行者の指定または指定の委託

その他、子の認知、未成年後見人の指定、成年後見人の選任、遺言信託なども可能です。

遺言は、これらの事項のうち作成者が必要と考えるものだけを記載すれば良いものです。「子ども同士は仲良く」とか「葬儀は不要」などと書かれているものは、法的には特別な効力はありません。

3 複数の遺言書があるとき

複数の遺言書があるときは、遺言書の作成順序が大切です。まず遺言書の作成日付を確認してください。最新の遺言書の内容が優先されるのです。

前に作成された遺言書とあとに作成された遺言書の内容に違いや内容がぶつかる部分がある場合は、前に書かれた遺言書の内容が取り消された扱いとなり、あとに書かれた遺言内容がその部分について有効となります。

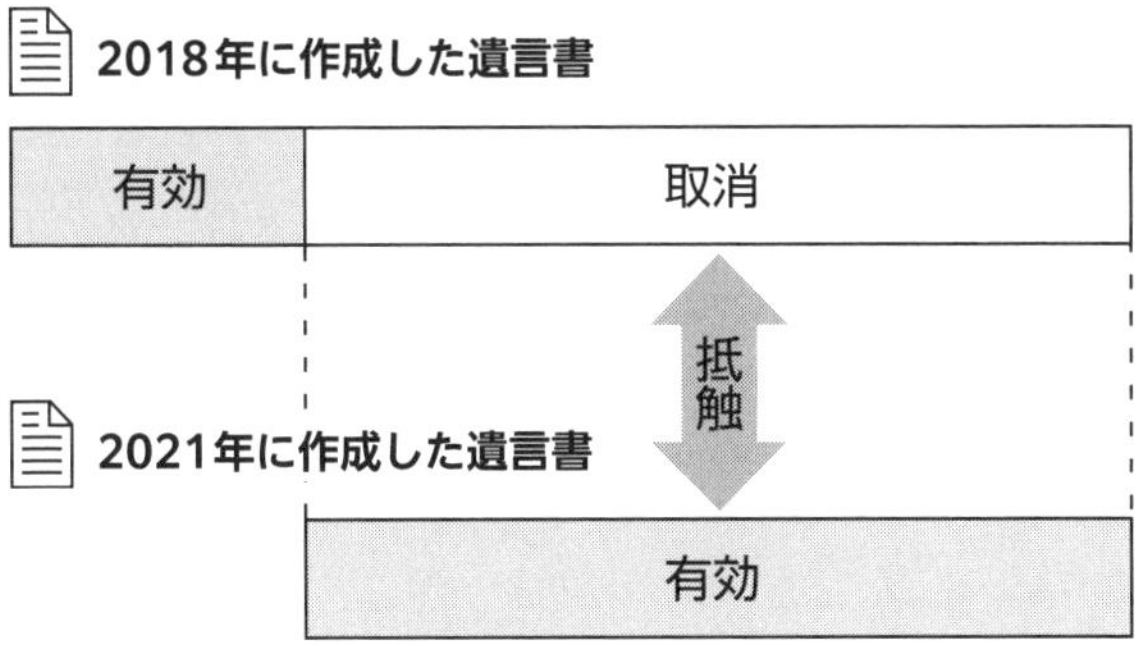

4 遺言の執行

被相続人の財産の名義変更ができる形式（遺言執行ができる形式）になっている遺言は、遺言執行者や受遺者が遺言の内容に沿って相続手続きを進めていきます。

遺言執行者は、相続財産の管理や遺言の執行に必要な一切の行為をすることができます。

具体的には、①相続財産の調査と管理、相続財産目録の作成、②相続財産の処分や売却、③遺言で財産を譲り受けた人物（受遺者）への財産の引継ぎなどを行います。

5　遺言内容が争われるとき

遺言には自身の遺産を誰に引き継いでほしいか、という被相続人の意思が示されています。そのため、相続人の法定相続分を下回る内容や相続分をゼロとする内容の遺言が作成されることが多くあります。

遺言の執行に、相続人の承諾や同意は不要です。財産を譲り受けられなかった相続人や遺留分を侵害されている相続人が納得していないにもかかわらず、遺言の執行は進められていきます。

自筆証書遺言では①遺言能力、②日付・押印などの様式性、③自書性（被相続人が自分で記入や署名をしたかどうか）、公正証書遺言では①遺言能力、②口授の要件が争われがちです。

被相続人が遺言作成時に認知症になっていたような場合は、遺言能力（遺言内容を理解し、遺言の執行の結果をわかる能力）があったかどうかが問題になりがちです。時には、認知症の判定テスト結果〔長谷川式認知症スケール、ＭＭＳＥ（ミニメンタルステート検査）〕や医療記録、介護記録などを調べることもあります。

本格的な争いとなった場合、最終的には遺言有効無効訴訟となり、裁判官が遺言の有効性を判断することになります。

6 遺言に関わるトラブル例

○遺言で遺産をもらったと主張する相続人が遺言書や財産内容を開示してくれない

ほかの相続人が遺言書を隠して見せてくれない場合、昭和64（1989）年1月1日以降に公証役場で作成された公正証書遺言以外は内容を調査したり確認したりする方法がありません。

自筆証書遺言で検認手続きが取られた場合は、検認手続き調書の開示などにより、遺言書の内容を確認することができます。検認手続きをせず、遺言を明らかにしない場合は、調停などによって開示を求めていくことになります。また、財産調査を申立人自身で進めていく必要があります。

○遺言書の内容と違う遺産分割の協議書へ署名を求められた

ほかの相続人が勝手に作成した、遺言書とは異なる遺産分割協議書へサインを求められた場合、無理に署名をする必要はありません。遺言と違う遺産分割協議書に一度署名してしまうと、あとから変更することは非常に難しくなります。

4-4 遺留分

1 遺留分とは

遺留分とは、相続人が最低限の遺産を確保できる取得分のことです。

被相続人の生前に大きな財産が一人の相続人に贈与されているときや、遺言書や死因贈与契約の内容が「すべての財産を相続人○○へ相続させる」であったとき、ほかの相続人の遺留分が侵害されていることがあります。

このように財産を受け取った相続人や人物に対して、遺留分権利者は、遺留分侵害額（減殺）請求権を行使することができます（２０１９年7月1日施行の相続法改正によって、同日よりあとに発生した相続では遺留分は「侵害額請求権」と称されています）。

2 遺留分の権利を持つ相続人

被相続人の配偶者、子（代襲相続人も含む）、直系尊属（被相続人の親や祖父母）には遺留分があります。被相続人の兄弟姉妹や甥や姪には遺留分がないため、注意が必要です。

3 遺留分を侵害する遺言書※の存在

※死因贈与契約を含みます。

被相続人が遺留分を侵害する遺言書を作成しており、その遺言書が問題になった時点から遺留分の協議は始まります。

この場合、遺留分権利者は、被相続人から財産を受け取った人物（受遺者）に遺留分を請求する通知を内容証明郵便などで送ります。遺留分が侵害されていることを知ってから1年以内にこの通知を送る必要があります。

●●様

遺留分侵害額請求通知書

令和○年○月○日に私の父○○○（以下、「被相続人」）が亡くなりました。

被相続人が作成した令和○○年○月○日付公正証書遺言（以下、「本件遺言」）があり、本件遺言には「全ての財産を●●に相続させる。」との文言があります。

私は、被相続人の子として、被相続人の相続について遺留分を有しています。

本件遺言は明らかに私の遺留分を侵害しています。

そこで、本書をもって、●●様に対して遺留分権を行使し、遺留分侵害額の請求の意思表示を行います。

遺留分侵害額請求通知書の文章例

4 遺留分の解決方法

(1) 協議

遺留分請求者と遺産の承継者（受遺者）との間で、遺留分に応じた金銭や遺産（不動産や現預貯金）について交渉します。交渉の際は、遺留分の存在する基礎遺産と遺留分の算定が必要となります。

(2) 調停

協議がまとまらない場合は、調停で遺留分の調整を行うことがあります。

(3) 訴訟

協議や調停でもまとまらなかった場合は、訴訟で解決することもあります。相続法改正前の遺留分訴訟は、遺留分に応じた持ち分などを求める訴訟でしたが、相続法

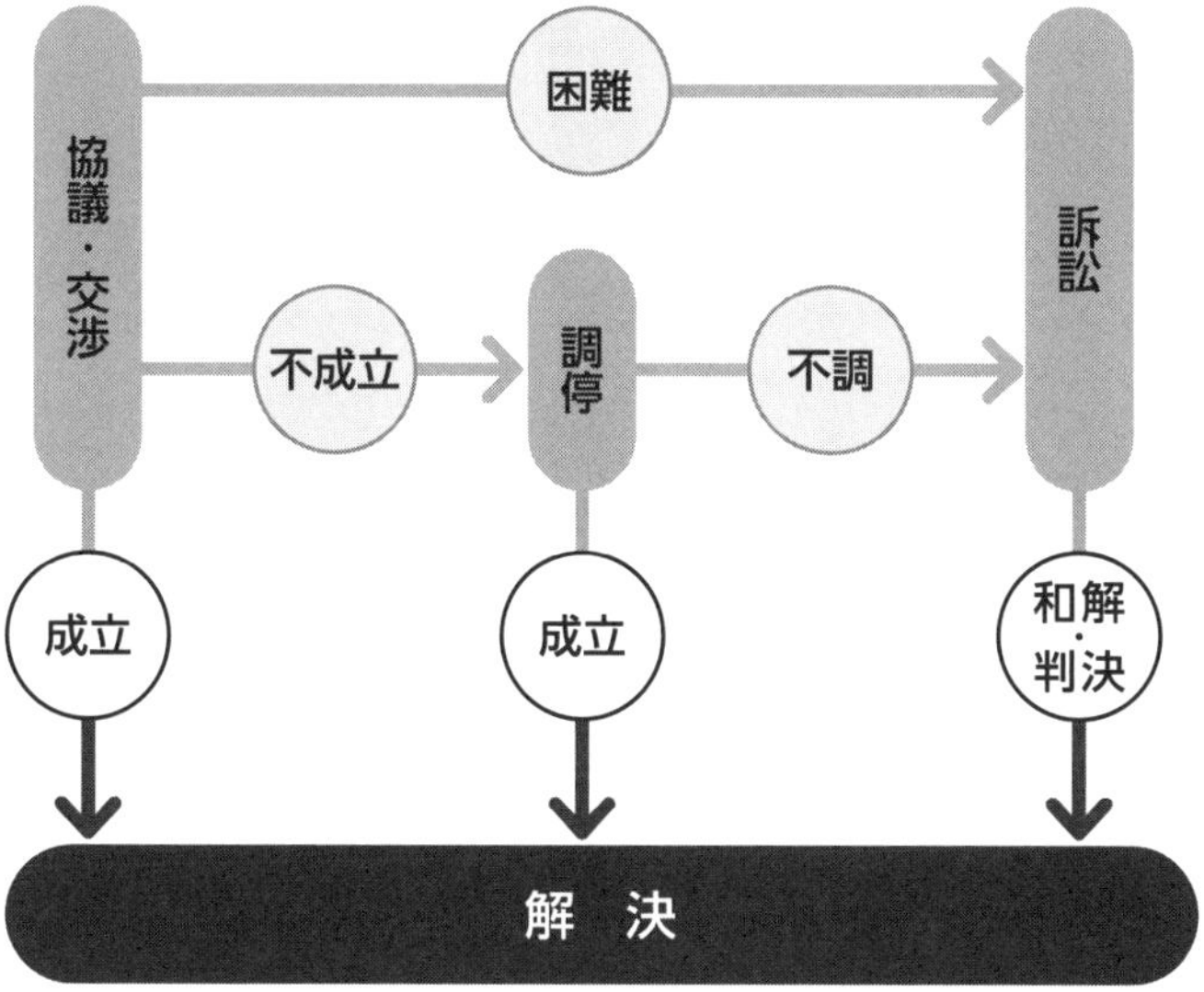

改正後の遺留分は金銭請求訴訟となります。

5 遺言の内容を争う場合の遺留分請求

遺言の有効性を争う側は、遺言の無効請求と同時に、遺留分請求を進めることになります。遺留分請求の消滅時効（遺言によって遺留分が侵害されていることを知ってから1年間）は遺言の有効性を争っている場合でも進行するので、遺留分を請求する側は注意が必要です。

遺留分侵害額請求　調停例

調書（成立）

事件の表示　令和○年（家イ）第○○○○号
遺留分侵害額請求申立事件
期日　令和○年○月○日午前○○時○○分
場所等　○○家庭裁判所（☑電話会議の方法による）
家事調停官　○○○○
家事調停委員　○○○○
家事調停委員　○○○○
裁判所書記官　○○○○
当事者等及びその出頭状況
別紙１当事者等目録記載のとおり
手　続　き　の　要　領　等
次のとおり調停が成立した。
別紙２調停条項記載のとおり

○○家庭裁判所家事第３部
裁判所書記官　○○　○○　㊞

別紙１

当事者等目録

住所　　　東京都○○○○区○○丁目○番－○○○号
申立人　　　　　　　　　○○○○
（東京都中央区の申立人手続代理人弁護士の事務所に出頭）
同手続代理人弁護士　　　○○○○
（東京都中央区の申立人手続代理人弁護士の事務所に出頭）

住所　　　大阪市○○区○○丁目○番－○○○号
相手方　　　　　　　　　○○○○　（不出頭）
住所　　同
○○○○　（不出頭）
上記両名手続代理人弁護士　○○○○
（大阪市○区の相手方ら手続代理人弁護士○○の事務所に出頭）

本籍　　　○○都○○区○○丁目○○番
最後の住所　○○都○○区○○丁目○番－○○○号
被相続人　　　　　　　　○○○○
令和○年○○月○○日死亡

以上

調停条項

別紙2

調停条項

1　申立人及び相手方らは、令和○年○月○日付（同月○○日裁判所受付）の本件遺留分侵害額請求の調停申立てによって、申立人が相手方らに対して、被相続人の本件相続に関する遺留分侵害額請求の意思表示を行ったことを確認する。

2　相手方○○○○と相手方○○○○は、申立人に対し、連携して、第1項の遺留分侵害額請求権の行使に関する代償金として○○○○万円の支払義務があることを認める。

3　相手方らは、申立人に対して、前項の金員○○○万円を令和○年○月○日までに下記の銀行口座に振り込む方法により支払う。振込手数料は、相手方らの負担とする。

記

金融機関　○○銀行○○支店
種別　普通預金
口座番号　○○○○
口座名義　○○○○

4　相手方らは、第3項の金員を同項に定める期限までに支払わなかったときは、申立人に対し、未払い額及びこれに対する令和○年○月○日から支払済みまで年3分の割合の遅延損害金を支払う。

5　申立人及び相手方らは、本件相続に関して、本条項に定めるほか、何らの債権債務のないことを相互に確認する。

6　調停費用は各自の負担とする。

以上

第5章
相続トラブルの解決事例とQ＆A

5-1 解決事例

ここでは、当法人で過去に扱った相続トラブルの実際の解決事例について、個人の特定につながらない内容にしたうえで解説します。

事案 1

◆事案内容

息子が亡くなり、ご依頼者は自分の元妻と遺産分割協議を行う必要に迫られたが、相手が無反応だったため弁護士が間に入って交渉し、早期に解決した事案です。

◆ご相談時の事情

ご依頼者の息子が亡くなり、父であるご依頼者と、母であるご依頼者の元妻が相続人となった事案でした。元妻とは、ご依頼者と息子ともに長年にわたって交流がなく、息子が亡くなった旨の連絡にも無反応だったため、遺産分割が進まないとのご相談でした。

解決ポイント

元妻が接触を避けている
これは交渉次第ですね
相手の状況次第で対応が
変わります

◆解決のポイント

相手が無反応であった理由次第で、解決手段が変わってくることが考えられました。例えば、判断能力の低下のためであった場合は、長期間かけて調停などの多くの裁判手続きをこなしていくことが必要になります。他方で、依頼者側との関与を相手が避けたかったためという可能性も考えられました。この場合は、交渉の方法次第で裁判所の手続きなしに早期解決の可能性もあると思われました。

◆交渉の経過

相手が依頼者側との関与を避けたいと思っている可能性を考慮し、まずは相手の生活に配慮した交渉からスタートすることにしました。

そこで受任後、弁護士から相手に対し、遺産分割協議をしなければならないが、条件次第で簡潔に書面の郵送だけで協議を成立させることができる旨を、親展形式の手紙で丁寧にお伝えしました。そうしたところ、相手から「自分は、子の遺産は一切不要。必要な手続きには協力する」との連絡をいただき、早期に遺産分割協議が成立しました。

◆弁護士が関わった結果

本件は、長年交流のなかった元夫婦が、突然遺産分割の協議をせざるをえない状況に迫られたもので、ご依頼者と相手の当事者双方にとって、遺産分割協議への心理的負荷が高い事案でした。

そこで、当事者の間に弁護士が立ち、相手にとっても心理的負荷の少ない方法を丁寧に示したことで、協議をスムーズに進行させることに成功しました。

結果的に、ご依頼者が遺産全体を取得するという形で遺産分割協議を早期に成立させることができました。また、遺産分割協議成立後の煩瑣《はんさ》な銀行手続きにも対応させていただき、凍結された預金の迅速な引出しと解約を実現しました。

事案２

◆事案内容

ご依頼者の遺産隠匿を主張して遺産分割に全く応じずに徹底抗戦する他相続人に対し、弁護士が根拠に基づいた遺産分割案を提示し、最終的に当方の提案に応じて、協議が成立した事案です。

◆ご相談時の事情

父親が被相続人の方からのご相談でした。相手の相続人はご相談者のきょうだいですが、きょうだいのうち１名とは従前から折り合いが悪く、相続人同士では全く話し合いができない状態でした。

また、きょうだいからはご相談者が「父親の遺産を隠しているはずだ」といういわれのない主張を受けていました。

そのため、遺産分割手続きを弁護士に任せたいということになり、当事務所にお越しになられました。

◆解決のポイント

相続人同士では冷静な話し合いができない場合には、弁護士が代理人として活動することによって、ご相談者の遺産分割手続きのストレスが軽減できます。

また、弁護士が代理人に就いても、ほかの相続人が話し合いに応じなかったり、法律上無理な主張を通そうとしてくる場合には、審判手続きにより、裁判官から法律に則って遺産分割内容を決めてもらう方法があります。

◆交渉の経過

ご相談者は父親と同居しておらず、遺産の全容を把握できていなかったことから、弁護士が遺産の調査を行いました。

他相続人に対し、遺産の内容と当方希望の遺産分割案を伝えましたが、「遺産内容に疑問があり、遺産分割には応じられない」との回答があったことから、即座に調停を申し立てました。

相続者の兄弟のうち二人は以前から仲が悪かった…
調停案
遺産分割案を伝えたが疑問があるからと提案は拒否！
抗告審では相手側にも弁護士が就き審査が進められました
最終的には当初から提案していた内容に応じて調停が成立しました

調停中も、他相続人は「遺産の隠匿や自分がすべての遺産を取得する内容でなければ応じられない」との主張を繰り返したことから、審判に移行しました。

審判では、当方の希望以上の判断が示されましたが、他相続人が即時抗告を申し立てたことから、抗告審に移行しました。

抗告審では他相続人にも弁護士が就き、最終的には「当方が当初から提案していた内容に応じる」ということになり、調停が成立しました。

◆弁護士が関わった結果

他相続人は、ご相談者が遺産を隠匿したと主張していましたが、そのような事実はないばかりか、全く証拠もなかったことから、弁護士が調査した遺産内容を前提とした分割をすることになりました。

当方は、預貯金などを平等の割合で取得する遺産分割を行うことを提案していましたが、他相続人は、父親の仕事を手伝ったことなどを理由に寄与分を主張し、自分がすべての遺産を取得するべきであると主張して抗告審まで争いましたが、寄与分が認められるほどの労務提供および貢献があるとは認められず、結果として、当方の当初からの提案に応じる内容で調停が成立しました。

事案3

◆事案内容

被相続人の預貯金と土地建物の遺産分割協議が進まない状況において、弁護士が相手と丁寧に交渉を行い、ご依頼者の希望する土地建物の取得と相手の希望に納得する形で協議が成立した事案です。

◆ご相談時の事情

本件は、父親の死亡による相続に関して、母親と子ども二人のうちの一人（Xさん）からのご相談で、家族関係としては、父親（被相続人）、母親（妻）、子ども二人（Xさん、Yさん）とのことでした。

もともと、父親と母親は相手のYさんと自宅で同居していたものの、最近は両親とYさんとの関係性が悪化したため、父親の相続発生後は母親が自宅を出てXさんと暮らすようになっていました。

父親の遺産としては、母親が結婚前から所有していた土地に建てた自宅建物があり、そのほかは預貯金（数百万円）がほとんどでした。

他方で、Yさんは Xさんが生前に父親から援助を受けており、Xさんには特別受益があることを強く主張しているとのことでした。

当事者同士の遺産分割協議がなかなか進まなくて困っているというご相談で、母親としては「老後の生活のために自宅建物を取得し、自宅敷地を含めて活用したい」との希望をもっていました。

◆解決のポイント

本件は、自宅建物のみが遺産となるという意味ではややイレギュラーな事案であり、ご依頼者は自宅建物を取得されることを希望していました。なお、このような場合、遺産の建物は、単なる建物だけではなく敷地利用権限（例：使用貸借・賃借権）が付帯されている建物として敷地利用権限を含めて評価されます。

しかし、遺産である自宅建物にはYさんが居住しており、仮に遺産分割の結果として母親が自宅建物を取得できたとしても、Yさんが任意に退去してくれない場合には、退去のための法的手続きを別にとらなくてはいけませんでした。

したがって、本件のポイントの一つは、Yさんから任意退去の同意を得られるかどうかでした。

また、その他の遺産はほとんどが預貯金であり、相続発生の前後において、被相続人名義の預貯金が引き出されているとのことでしたので、その点についても調査が必要であると考えていました。

母親
息子X
息子Y
敷地利用権限
私が住む家にしたいからお前に退去して欲しい
しかし…
双方納得の解決
家を任意退去
相続預貯金取得額の増額

◆交渉の経過

ご依頼を受けたあと、まずは相続預貯金の調査を行い、預貯金の入出金の状況を確認し、不動産の評価については固定資産税評価証明書などを収集して、評価額の調査を行いました。

遺産内容と評価額について整理したうえで、Yさんに対して遺産分割調停の申立てを行いました。

調停手続きは、第三者（調停委員）を介して、定期的に期日を重ねて協議を進めることができます。特に今回の件では相手にも代理人弁護士が選任されており、双方とも代理人が就いたことで、ポイントとなる事項を中心に効率よく協議を進めることができました。

具体的には、本件調停で、Yさんが引き出した預貯金の使途について説明を求め、葬儀費用などの使途の説明や、領収書などの資料の開示を受けました。

さらに、当方の分割案の希望を説明し、Yさんに対し任意の退去を求める旨を伝えました。

◆弁護士が関わった結果

数回の期日を経て協議した結果、Yさんが引き出した預貯金の使途については特段不審な点がないことを確認することができました。

また、Yさんからは、自宅建物は母親が取得することに応じ、自宅を任意に退去することにも応じる旨の返答を得ることができました。

もっとも、Yさんとしては、Xさんへの特別受益を絡めて、預貯金については多めに取得したいという希望があるようでした。

そこで、ご依頼者の母親とXさんとで慎重に方針を検討したうえで、自宅建物の退去の問題を一挙に解決できるメリットをふまえて、相続預貯金の取得額については相手の主張に多少譲歩したうえで、さらに交渉を重ねました。

その結果、最終的には双方納得する分割案で調整することができ、無事に調停を成立させることができました。

そして、調停成立から数か月後にYさんは自宅建物を任意に退去し、母親は自宅を無事に取得することができました。

事案4

◆事案内容

亡くなった母親の預貯金の使い込みに対して訴訟を提起し、金融機関への文書調査嘱託などによって証拠を確保。ご依頼者の請求の大半が認められる有利な和解決着となった事案です。

◆ご相談時の事情

被相続人（母親）の死亡前の2年にわたって、被相続人の通帳と印鑑を管理していた一人の相続人Aさんによって、預金が50万～100万円の単位で数回にわたって引き出されていました。ATMでキャッシュカードの1日分の引出上限額50万円が引き出されていることもあれば、窓口で数百万円が引き出されていることもあり、合計すると5000万円以上の預金が引き出されていました。

相続発生後、相続人であるBさんが、預金を管理していたAさんに対し、預金がどうなっているかを質問しても、「被相続人のために使った」と曖昧《あいまい》な説明を繰り返すばかりでした。Bさんは Aさんとの遺産分割を進めるにあたり、引き出された多額の預金をどう扱えばよいか悩み、法律相談に訪れました。

◆解決のポイント

ご依頼を受けた時点で、Bさんの手元には被相続人の預金履歴の一部があるだけでした。弁護士は相続人Bさんから依頼を受け、Aさんと交渉を行ったあと、預金以外の不動産と引き出した預金額とを調整するため、遺産分割調停を申し立てました。

そして、調停の場で引き出した預金分を特別受益として扱い、Aさんの取得分を少なくする遺産分割をAさんに提案しましたが、Aさんは全く応じませんでした。

そのため、預金引き出し分について、調停とは別に訴訟を提起することとし、訴訟を進めた結果、2000万円以上をAさんがBさんに支払うという訴訟上の和解が成立しました。

母の
預金

まずは相手の使い込みの
証拠を集めましょう！
証拠

◆交渉の経過

Aさんに対しては、交渉で引き出した預金の返還を求めましたが、Aさんは「被相続人のために使った」の一点張りで、自主的な返還に応じる姿勢は全くありませんでした。

Aさんから依頼を受けた弁護士も、Aさんと同様の説明を繰り返すだけでした。

そのため、預金の管理をAさんが行っていたことなどを中心に、その後の訴訟で預金の管理自体が争点とならないよう、前提となる事実関係を固める活動を進め、交渉を打ち切りました。

◆弁護士が関わった結果

訴訟では、金融機関への文書調査嘱託などによって、Aさんが保有している預金口座に照会を行い、Aさんの預金情報と預金の移動情報について、詳細な調査と分析を実施しました。

その結果、被相続人の預金を引き出した同日に、Aさんの預金口座に多額の預金を移し替えた詳細な金銭移動情報を入手できました。

訴訟で積極的な主張と決定的な証拠を確保できたため、裁判官からは、こちらの主張をほぼ認める形での和解提案がなされました。

Aさんも裁判官の提案には従い、訴訟はBさんの請求の大半を認める結果となり、有利な形での和解決着となりました。

5-2 相続トラブルQ＆A

Q ほかの相続人と話し合いができず、時間だけが経っています。時間が経てば解決しますか？

A 相続に関しては、準確定申告や相続税といった税務対応を除けば、遺産分けについて、特に法律で行わなければいけない期間が定められていません。
2021年の相続法改正でも、相続開始の日から10年以内に遺産分割調停がなされていない場合の特別受益や寄与分の主張の制限などは定められましたが、遺産分割自体の期間制限は設けられませんでした。そのため、時間が経てば自然に解決するものではありません。

Q ほかの相続人と直接話すと、お互い感情的になってしまって話が進みません。相手と直接やり取りをしないで相続を進める方法はありますか？

A 家庭裁判所の調停手続きでしたら、基本的に相手と直接顔を合わせて話をせずに進められます。また、弁護士を代理人に選任すれば、相手とのやり取りの窓口をすべて任せることもできます。

Q ほかの相続人が遺産を隠してしまい、どのような遺産があるかわかりません。

A 遺産を隠す相続人にいくら情報開示を求めても協力しないでしょうから、自分で遺産を調査する必要があります。相続人であれば、被相続人の預貯金や証券口座、不動産などについて、かなりの範囲で調査できます。例えば、被相続人が口座を持っていた銀行に相続関係がわかる戸籍謄本等を持参すると、残高証明や口座の取引履歴を取得できます。

Q 親の面倒をずっと見ていたのですから、遺産をすべてもらえますか？

A お気持ちはわかります。法律では、遺言があればその遺言を優先し、遺言がない場合は親の面倒を遺産分割に反映する方法として「寄与分」というものがあります。

介護の負担を寄与分として主張する場合、一般に介護度でいえば要介護2以上の方の身体介護であることが要件になるといわれています。要介護4や5の親に献身的な身体介護（入浴、トイレ、着替え、食事などの介助）をした場合には、1日何千円といった計算方法を採用されることがあります。

Q ほかの相続人が亡くなった親から多額の金銭援助を受けていました。遺産分けでは考慮されますか。

A このような多額の金銭援助は特別受益となります。ほかの相続人が認めれば考慮されます。ほかの相続人が認めない場合は、証拠が必要です。

Q 遺産分けのために時間ばかりかかるのは困ります。早く解決したいのですが、どのようにすれば良いですか？

A ほかの相続人の希望に沿った遺産分けが結論となっても良ければ、話し合いで解決は早まります。他方で、ご自身の希望に相手が応じない場合、協議は平行線となってしまい、早い解決からは遠ざかります。
話し合いが全くできず、協議に何年もかかってしまうぐらいなら、裁判所での調停を行い、調停がまとまらない場合は裁判官の審判に移ったほうが、結果として遺産分けが早くなることが多いといえます。

Q 裁判所の手続きにはとても時間がかかるという印象をもっています。実際に調停になった場合、どれぐらい時間がかかりますか？

A 調停は短いときで半年程度、長いときには2年程度で終結します。調停は1か月に1回程度のペースで進められ、1年に8~10回程度が実施されます。遺産内容や相続分が決まっていて、不動産や非上場株式の評価額に紛争性がなく、特別受益や寄与分にも強い対立がないといった状況であれば、調停は1年程度で成立する可能性が高いでしょう。

Q 裁判所の調停や審判に、毎回自分が出席する必要がありますか?

A 基本的には出席する必要があります。もっとも、弁護士に任せた場合は弁護士が代理出席しますので、毎回出席する必要はありません。ただし、調停では調停成立といった重要な場面、訴訟では本人・証人尋問期日（通常の訴訟では1日だけ）には法廷への出席をお願いしています。

もちろん、ご依頼者が出席をご希望される場合は、出席いただくことに差し支えはありません。

Q 裁判所の手続きを利用せずに、話し合いで希望どおりに解決できますか?

A 相続人同士の対立が強い場合、それをどれぐらい調整できるかにかかっています。取得遺産の希望などに開きが大きい場合や、相手が不合理な主張をしてくる場合、裁判所の調停手続きや審判手続きを利用しないと、かなりの範囲で自分が譲歩しなければ解決できないことがあります。

相続人同士で話し合いがまとまらない場合、調停や審判に移行しなければ、適正な遺産分割につながらないことがあります。

裁判所の調停手続きは、あくまで解決の手段であって目的ではありませんが、裁判所の手続きを利用しない場合はこのようなデメリットがあることをご理解ください。

Q 相続の進め方について、弁護士に相談することなのか、税理士や司法書士などほかの専門家に相談したほうがよいことなのかわからないのですが、どうしたらよいですか。

A まずは当弁護士事務所にお問い合わせいただき、税理士、司法書士、土地家屋調査士などほかの専門家に相談すべき案件であれば、その旨をお伝えします。

Q 相続の問題でしたら、どの弁護士に依頼しても同じですか？

A 遺産分割の調停件数は年間約1万3000件です（2019年司法統計より）。他方で、弁護士の数は約4万4000人です（2022年日本弁護士連盟統計）。弁護士の中には、相続人同士の対立が強い遺産分割案件の取り扱い経験や解決ノウハウに乏しい弁護士もいます。

相続問題は専門性の高い分野です。弁護士にご依頼される場合は、その弁護士の過去の経験や知識、解決までの道筋などについてしっかりと確認して、信頼できると思った弁護士にご依頼されることをお勧めします。また、依頼している弁護士の活動方針などに不安を感じた場合、ほかの弁護士をセカンドオピニオンとすることもお勧めします。

Q 話がこじれてしまったので弁護士への依頼を考えていますが、弁護士費用がかかり、結果として損をするのでは、と心配しています。費用倒れになりませんか?

A 弁護士への依頼メリットは、①法的にできるだけ有利な権利取得や結果につながる、②関係者とのやり取りを任せられる、③解決に至る道筋を作ることができる、などです。

当事務所では、弁護士費用について明確な金額を提示しています。正式なご依頼前でも、相談の範囲内でお見積りや解決の見込みを書面などでお伝えします。弁護士にご依頼されるかされないかにかかわらず、ご相談者の身に降りかかった相続問題を、適正に解決されることが最も重要と考えています。無理にご依頼に誘導するようなことは決してありませんので、弁護士費用をふまえ、ご依頼されるかどうかをじっくりお考えいただければと思います。

おわりに

本書を手に取った方には、金融機関の関係者や不動産事業者、税理士、司法書士などで、相続に関わる仕事をしておられ、相続トラブルの解決方法を学びたいという方もいれば、今まさにほかの相続人との話し合いがうまく進まず、相続トラブルの渦中にいる相続人の方もおられるかと思います。相続問題は、一人で悩み続けてもなかなか解決できません。

多くの方々にとって相続トラブルというのは、一生に一度起きるかどうかというものです。

「まさか自分の家族に相続トラブルが起きるなんて」と思う方はいらしても、あらかじめ想像していた方は少ないでしょう。そのため、一度もめてしまった相続の解決方法は、あまり世の中に知られていないようです。

弁護士として、遺産総額が少額の相続から、数十億円以上といった大きな遺産相続も扱いますが、遺産額の大小で当事者の悩みや苦しみの大小が変わるというものではありません。

相続問題で困ったときに、頼りになるのは相続問題に強い弁護士です。

筆者は弁護士としてさまざまな相続トラブルのご依頼をお受けして、無事に解決できると、「もっと早く相談や依頼をすればよかった」「調停手続きは大変だったが、家族だけでは全く話し合いにならず、弁護士に依頼したことで相続問題に区切りがついてよかった」「相手の理不尽な主張に屈しなくてよかった」「裁判官の適正な審判が下されてよかった」といった声をいただきます。

当事務所には、遺産分割交渉、遺産分割調停・審判、遺留分問題、遺言無効訴訟、預貯金の引出しや使途不明金問題など、さまざまな相続問題の解決経験と実績を豊富に持つ弁護士が多数所属しています。相続問題の後悔のない解決のため、お気軽にご相談ください。

著者

弁護士　谷 靖介(たに　やすゆき)

弁護士法人リーガルプラス代表
2004年弁護士登録　東京弁護士会所属
遺産分割や遺留分の問題を中心に、相続人同士では話し合いの難しい「相続紛争・トラブル」事案について、常時10名以上の相続人の協議、調停、訴訟の代理人活動を行っている。実務知識と解決ノウハウを駆使し、さまざまな相続問題の解決に尽力している。

監修

弁護士法人リーガルプラス

相続問題を多数扱う弁護士法人。関東各地に複数の法律事務所を構えている。紛争性が強く、相続人同士で話し合いのできない相続問題を中心に、年間200件以上の相続相談を取り扱う。

弁護士法人リーガルプラス

▲ 公式サイト　　▲ 相続サイト

もめてしまった
相続トラブルの
解決方法

2023年6月30日 第1刷発行

著者　谷 靖介

発行者　松嶋 薫
株式会社メディア・ケアプラス
〒140-0011 東京都品川区東大井3-1-3-306
電話：03-6404-6087　Fax：03-6404-6097

デザイン　大村麻紀子

イラスト　小山 規

印刷・製本　日本ハイコム株式会社

ISBN 978-4-908399-21-3 C0032

MEMO

麒麟模様の馬を見た

目覚めは瞬間の幻視から

金沢大学医学系教授
小野賢二郎 監修　　**三橋 昭** 著

A5 判ソフトカバー　176 ページ
定価　1600 円＋税

「朝日新聞」の「天声人語」で紹介された話題の本

「動物、花、人、迷路……時には麒麟模様の馬のように、未知の記憶も出現する幻視。毎朝ぼーっと現れ、瞬時に消えてしまう 幻視の記録と、病気へのメッセージ。本という形で多くの方に伝えたいこと。それは認知症になっても負のイメージで 付き合わなくても大丈夫だなあという実感です。毎朝が楽しみなんです」こう語る、レビー小体型認知症本人の三橋昭さんが毎日見ている「幻視の世界」が本書に満載！

三橋 昭（みつはし・あきら）プロフィール
若い頃の夢は映画監督になることで、最初の仕事は映画の助監督。その後会社勤めを経て、図書館の仕事を 15 年ほど務めた。

発行：株式会社メディア・ケアプラス
住所：〒 140-0011 品川区東大井 3-1-3-306
電話：03-6404-6087　Fax:03-6404-6097